AF356829

ORDRE DES CREANCIERS OPPOSANS

au decret de la terre de Barbezieux, adjugée à Monseigneur le Tellier, Chancelier de France, par Arrest de decret du Parlement de Paris, du   pourſuivi ſur Meſſire Armand Iean Dupleſſis, Duc de Richelieu & de Fronſac, Pair de France, legataire univerſel de feu Monſeigneur le Cardinal Duc de Richelieu, à la requeſte des ſieurs Prieur, Docteurs & Bachelier de la Maiſon de Sorbonne, moyennant la ſomme de deux cens ſoixante mil livres, conſignée és mains du ſieur Sanſon, Receveur des Conſignations dudit Parlement.

PREMIEREMENT, ſur ladite ſomme de deux cens ſoixante mil livres, il convient déduire les droits de conſignation, montans à   & ſur le ſurplus ſera payé.

1.
Droits de conſi-
gnation.

Creanciers privilegiez.

A Maiſtre   Copineau, Procureur deſdits ſieurs Docteurs de la Maiſon de Sorbonne, la ſomme de pour les frais extraordinaires de criées, & autres faits en conſequence:

2.
Frais extraor-
dinaires.

A Iean Chaſteau, Bourgeois de Paris, la ſomme de trente mil livres, pour les lots & ventes de la ſomme de trois cens mil livres, moyennant laquelle ledit defunct Seigneur Cardinal Duc de Richelieu auroit acquis ladite Terre & Baronnie de Barbezieux, par contract paſſé pardevant   le quatorziéme Mars 1640. leſdits lots & ventes deubs aux ſieurs Archeveſque de Bordeaux, Eveſque de Xaintes & Abbé de ſaint Sibar d'Angouleſme, & appartenans audit Chaſteau : ſçavoir, Ceux qui eſtoient acquis à l'Archeveſque de Bordeaux par tranſport du 26. Aouſt 1677. & encore par declaration qui a eſté paſſée audit Chaſteau pardevant Laune & Savalet Notaires, le 12. Iuillet 167), par le ſieur Bonneau, au profit duquel François Bernardin en avoit fait declaration pardevant les meſmes Notaires, & auquel Bernardin tranſport en avoit eſté fait ledit jour douziéme Iuillet 1675. Ceux qui eſtoient acquis à l'Eveſque de Xaintes par tranſport paſſé au profit dudit Chaſteau pardevant le Moyne & ſon Compagnon Notaires, le 18. Ianvier 1675. par Meſſire Thomas Dreux, Seigneur de la Galliſſonniere, Conſeiller au Parlement de Paris, fondé de procuration de Anne Sanguin, veuve de Meſſire Guillaume Raoul, Seigneur de la Guibourgere, Conſeiller au Parlement de Bretaigne, tant en ſon nom, que comme tutrice des enfans mineurs dudit defunt & d'elle, iceluy ſieur de la Guibourgere, fils & heritier de Meſſire Iacques Raoul, vivant Eveſque de Xaintes, qui auroit obtenu Arreſt contre ledit ſieur Duc de Richelieu, & Monſieur le Procureur General au Parlement de Paris, le 27. Mars 1666. qui luy auroit adjugé leſdits lots & ventes : &

3.
Iean Chaſteau,
ceſſionnaire des
lots & ventes
de Barbezieux,
deûs pour l'ac-
quiſition que
Monſeigneur le
Cardinal de
Richelieu avoit
faite.

A

encore ladite Dame s'eſtant fait fort du Chapitre de Xaintes, auquel ledit ſieur Eveſque auroit par ſon Teſtament legué le tiers de ce qui luy reviendroit deſdits droits, ledit tranſport ratifié, tant par ladite Dame de la Guibourgere, par acte paſſé devant

le   que par ledit Chapitre de Xaintes, par autre acte paſſé devant

Et ceux qui appartenoient à l'Abbé de ſaint Sibar d'Angouleſme, par tranſport fait audit Chaſteau par Meſſire Henry de Refuges, Conſeiller au Parlement de Paris, Abbé dudit ſaint Sibar d'Angouleſme, paſſé le ſuſdit jour douziéme Aouſt mil ſix cens ſoixante-dix-ſept :

4.
M. le Marquis de Hautefort en ſous-ordre ſur ledit Chaſteau.

Et en ſous-ordre ſur ledit Chaſteau : Sera colloqué Meſſire François, Marquis de Hautefort, Chevalier des Ordres du Roy, Grand & Premier Eſcuyer de la Reyne, pour la ſomme de trente mil livres à luy deuë par iceluy Chaſteau par declaration en forme de tranſport, paſſée pardevant   Notaires, le dix-huitiéme Ianvier 1671.

Dame Magdeleine Hoüel, Dame de Nouſſan, veuve de Meſſire Iean Bouchard, vivant Seigneur de Champigny, Conſeiller du Roy en ſes Conſeils, Intendant en la Province de Normandie ; & Iacques Nourry, Marchand Orfevre à Paris & conſorts, ſeront en conſequence de l'Arreſt du Parlement du ſeptiéme Septembre 1671. colloquez par preference pour la ſomme de dix mil huit cens vingt-neuf livres onze ſols neuf deniers, reſtant de celle de ſix mil livres de principal d'une part,

5.
Madame Rochard de Champigny & les Nourry, creanciers du reſte du prix de l'acquiſition que Monſieur le Cardinal de Richelieu avoit faite de la terre de Barbezieux.

pour reſte du prix de l'acquiſition que ledit Seigneur Cardinal de Richelieu auroit faite de ladite terre de Barbezieux de dix mil cinquante-cinq livres ſeize ſols d'autre part pour les intereſts de ladite ſomme, à compter depuis le vingt-troiſiéme Ianvier 1641. juſques audit jour ſeptiéme Septembre 1671. liquidez par ledit Arreſt : & de ſept cens ſoixante-onze livres quatre ſols trois deniers encore d'autre part, pour les intereſts deſdits ſix mil livres qui eſcheront au ſeptiéme Avril 1678. revenans, leſdites trois ſommes jointes enſemble, à celle de dix-huit mil trois cens vingt livres ſeize ſols : ſur laquelle ladite Dame de Champigny ayant touché ſix mil cinq cens ſoixante-onze livres quatre ſols trois deniers, par tranſports & quitances des vingt-deuxieſme Septembre 1673. quatorzieſme Iuin 1675. &

& ledit Nourry & conſorts ayant receu à diverſes fois neuf cens livres par quitances des   il ne reſte plus deſdits dix-huit mil trois cens vingt livres ſeize ſols que les dix mil huit cens vingt-neuf livres onze ſols neuf deniers cy-deſſus, la diſtribution & repartition deſquelles ſera faite entre leſdites Dame de Champigny, Nourry & conſorts, conformément à l'Arreſt d'ordre de ladite terre de Barbezieux du dix-neuviéme Aouſt 1662. ainſi qu'il a eſté ordonné par ledit Arreſt du ſeptiéme Septembre 1671.

6.
François Nolin en ſous-ordre ſur Elizabeth Nourry.

Et ſur les deniers qui en reviendront à Elizabeth Nourry, femme de Philippes de Gaſtines, Maiſtre François Nolin, Huiſſier aux Requeſtes du Palais, oppoſant en ſous-ordre ſur ledit de Gaſtines & ladite Elizabeth Nourry ſa femme, & Maiſtre Iean le Noble, Huiſſier Audiancier au Chaſtelet, ſoy-diſant exercer les droits dudit de Gaſtines & ſa femme, conteſteront entr'eux, & ſe feront regler ainſi que bon leur ſemblera.

Creanciers hypotequaires.

MEssire François Glué, sieur d'Epinville, Conseiller du Roy au Grand Conseil, donataire universel de defuncte Dame Anne Glué, au jour de son deceds, veuve de Pierre Merault, Conseiller Secretaire du Roy, sera colloqué du vingt-deuxiéme Aoust 1641. pour les arrerages de six cens quatre vingts livres deux sols onze deniers de rente au denier vingt, montant en principal à treize mil six cens deux livres dix-huit sols cinq deniers, faisant partie de mil livres de rente, constituée à defunt Messire Guillaume de Lamoignon au jour de son deceds, premier President au Parlement de Paris, par feuë Madame la Duchesse d'Aiguillon, tant en son propre & privé nom, que comme administratrice de la personne & biens dudit sieur Duc de Richelieu solidairement, par contract passé pardevant   & Vaultier, Notaires audit Chastelet, le vingt-sixiéme Septembre 1653. moyennant la somme de vingt mil livres, qui auroit esté employée avec les declarations & subrogations requises, au payement de pareille somme deuë, tant en principaux, qu'interests aux particuliers cy-apres nommez, creanciers de la maison de Luxembourg, sur la part, dont la succession de Monsieur le Cardinal de Richelieu estoit tenuë, du prix de la Principauté de Tingry, en consequence de l'acquisition par indivis & portions inégales de ladite Principauté, faite par ledit Seigneur Cardinal, & autres coacquereurs, par contract passé pardevant   & Vaultier, ledit jour vingt-deuxiéme Aoust 1641. & du procez verbal en forme de liquidation de ladite portion de prix, & repartition du payement d'icelle fait par Monsieur Bignon, Conseiller d'Estat, le vingt-cinquiéme Iuin 1649. en execution de l'Arrest du Conseil du vingt-cinquiesme Iuillet 1645. sçavoir. A Damoiselle Anne Marie de la Vieuville, comme procuratrice de Dame Elizabeth de Favier, veuve de Messire Antoine d'Harville, Chevalier Marquis de Paloiseau, tant en son nom, que comme ayant les droits de Dame Elizabeth d'Harville, fille dudit defunt & d'elle, par son contract de mariage avec le sieur Marquis de Fosseuse, & encore comme tutrice de ses autres enfans, quatre mil neuf cens soixante-une livres onze sols, faisant partie de seize mil cinq cens livres de principal, & trois mil six cens trente-huit livres neuf sols, faisant partie de douze mil cent livres d'arrerages, par quittance passée pardevant de Riviere & Vaultier Notaires, le vingt-septiéme Septembre 1653. A Barthelemy & François Gaultier, Marchands de soye, ayans droit par transport passé pardevant l'Evesque & Parque Notaires le 28. Iuin 1649. de Maistre Jean Robin, tuteur des enfans mineurs de feu Messire Loüis de Crevant, Chevalier Marquis d'Humieres, & Dame Elizabeth Phelippeaux son espouse, lesdits mineurs heritiers de feu Messire Loüis de Crevant, Vicomte de Brigueil leur ayeul, deux mil soixante-dix livres de principal, quatre cens dix-huit livres dix sols d'interests, & deux cens trente-trois livres quatre sols de dépens, par quittance passée pardevant Parque & Vaultier Notaires, le dix-septiesme Mars 1654. A Antoine Olin, Escuyer, Tresorier des Gardes du Corps, tant pour luy, que pour ses coheritiers, en la succession de Marie Truchot, veuve d'Antoine Olin son ayeule, trois cens cinquante neuf livres trois sols,

7.
Du 22. Aoust 1641. M. d'Epinville, Conseiller au Grand Conseil, estant aux droits de feu Monsieur le premier President Lamoignon pour les arrerages de 680. l. 2. s. 11. d. de rente, faisant partie de mil livres de rente.

faifant partie de trois mil deux cens livres de principal, & cinq cens foixante-douze livres fix fols fix deniers, faifant partie de cinq mil cent
livres d'arrerages, par acte en forme de procés verbal, & quittance
paffée pardevant lefdits Parque & Vaultier Notaires, le 22. Mars 1654.
A Meffire André de Boiffot, Seigneur de Sonneville, tuteur de
Magdeleine Boiffot, fille unique de luy, & de Dame Marie de Valliech
fon efpoufe, heritiere pour une cinquiéme partie, les cinq faifant le
tout, de Monfieur Maiftre Nicolas Roüillard, Maiftre des Comptes,
trois cens livres de principal, & cent foixante-dix-huit livres deux fols
fix deniers d'arrerages, par quittance paffée pardevant lefdits Parque & Vaultier Notaires, le vingt-huictiéme Mars 1654. A Thimoleon
Victon, Confeiller Secretaire du Roy, ayant droit par tranfport de
Dame Magdeleine Meniffon, veuve de Meffire Tannequy Seguier, Prefident à Mortier au Parlement de Paris, & de Meffire Pierre Seguier,
Prevoft de Paris, deux mil trois cens livres de principal, & cinq cens
cinquante-trois livres treize fols neuf deniers d'intereffts, par quittance
paffée devant lefdits Parque & Vaultier, Notaires, le trentiefme Mars
1654. A Denis Defcamin, Efcuyer fieur de Boiffy, au nom & comme
Procureur de Meffire Alexandre le Grand, Chevalier Seigneur de Sain-
te Colombe, Prefident & Treforier de France en la Generalité de Bourgogne & Breffe, & de Dame Iacqueline Defcamin fon efpoufe, trois
cens foixante-quinze livres de principal, & deux cens vingt-deux livres quinze fols d'arrerages, par autre quitance paffée pardevant lefdits
Parque & Vaultier Notaires, ledit jour trentiefme Mars 1654. A Maiftre
Thomas André, tuteur de Damoifelles Magdeleine & Marie l'Evefque,
filles mineures de defunt Meffire Iacques l'Evefque, Seigneur de Lau-
nay, & de Dame Magdeleine Defcamin fon efpoufe, cinq cens vingt-
cinq livres de principal, & trois cens douze livres d'arrerages par la mef-
me quitance. A Damoifelle Marie Dujardin, veuve en fecondes nôces
de Loüis Parnajon, Confeiller Secretaire du Roy, legataire pour une
autre cinquiéme partie dudit feu fieur Roüillard, trois cens livres de
principal, & cent quatre vingts-treize liv. douze f. d'arrerages, par quitance paffée devant lefdits Parque & Vaultier Notaires, le douziéme
Ianvier 1665. A Maiftre Iean Maffon, Procureur en la Cour, deux mil
cent foixante-dix-neuf livres cinq fols faifant partie de trois cens neuf
livres huit fols deux deniers d'interefts auffi en plufieurs articles, par quitance paffée devant lefdits Vaultier & Parque Notaires, le vingt-uniéme
Ianvier 1655. Revenans tous lefdits payemens à treize mil fix cens deux
livres dix-huit fols cinq deniers de principaux & capitaux, & à fix mil
trois cens quatre vingts dix-fept livres dix-fept fols neuf deniers d'arrerages & d'interefts, qui joints enfemble font la fomme entiere de vingt
mil livres, pour laquelle lefdits mil livres de rente ont efté conftituées
audit feu fieur de Lamoignon, qui l'auroit cédée & tranfportée audit
feu fieur Merault, par contract paffé devant
Notaires, le fixiéme Fevrier 1659. lequel fieur Merault l'auroit donnée
en contr'efchange à Meffire Guillaume de Cochefilet, Comte de Vau-
celas, par contract paffé devant le Cat & le Caron, Notaires, le vingt-
deuxiéme Septembre audit an 1659. & depuis en ayant pris la retrocef-
fion par contract du
elle feroit efcheuë audit fieur d'Epinville en qualité de donataire univerfel

uerſel de ladite Dame Anne Glué, veuve dudit Merault par partage
fait entre luy & les heritiers dudit ſieur Merault, paſſé pardevant
Notaires, le
laquelle collocation des arrerages deſdits ſix cens quatre vingts livres
deux ſols onze deniers de rente, à raiſon deſdits treize mil ſix cens deux
livres dix-huit ſols cinq deniers de principaux & capitaux, acquitez des
vingt mil livres empruntez dudit ſieur de Lamoignon, eſt icy faite ſous
la date du vingt-deux Aouſt 1641. & ſera cy-apres fait la collation ſous
la date du vingt-ſixiéme Septembre 1653. jour dudit contract d'emprunt
des arrerages de trois cens dix-neuf livres dix-ſept ſols un denier de
rente produits par les ſix mil trois cens quatre vingts-dix-ſept livres
dix-ſept ſols neuf deniers employez au payement & rembourſement
d'arrerages & d'intereſts, leſquels trois cens dix-neuf livres dix-ſept ſols
un denier joints aux ſuſdits ſix cens quatre vingts livres deux ſols onze
deniers font ladite rente de mil livres entiere.

Plus ſera ledit ſieur d'Epinville colloqué dudit jour vingt-deuxiéme
Aouſt 1641. pour la ſomme entiere de vingt mil livres de capital deſdits
mil livres de rente empruntées dudit ſieur de Lamoignon, & payée aux
ſuſdits creanciers avec les declarations & ſubrogations ſtipulées & ac-
quiſes à icelles par ledit contract d'emprunt & quitances de payemens
& d'employ.

Plus de la ſomme de   pour les frais de ſon oppoſition.

Ladite Dame Ducheſſe d'Aiguillon dudit jour vingt-deux Aouſt
1641. pour la ſomme de quatre mil trois cens cinquante-deux liv. dix-ſept
ſols ſix deniers, faiſant partie de ſix mil quatre cens livres par ladite defunte Dame Ducheſſe d'Aiguillon ſa tante, payée à lad. defunte Dame
Merault ſur les arrerages deſdits mil liv. de rente par quittances, reſcri-
ptions & endoſſemens d'ordres & de mandemens, en dattes des ſeiziéme
Ianvier &   Septembre 1670. vingt-cinquiéme Ianvier 1671.
& ſixiéme Fevrier 1672. & ce en conſequence de l'Arreſt de la Cour de
Parlement du ſixiéme Septembre 1674. par lequel l'emprunt des vingt
mil livres cy-deſſus a eſté declaré eſtre une dette de la ſucceſſion de feu
Monſieur le Cardinal de Richelieu, à cauſe de l'acquiſition de la Principauté de Tingry; ladite defunte n'eſtre entrée audit contrat que comme
caution, & devoir en eſtre acquitée par ledit ſieur Duc de Richelieu, &
encore en conſequence de la tranſaction paſſée entre ladite Dame, &
ledit ſieur Duc de Richelieu pardevant de la Balle & Parque Notaires,
le troiſiéme Mars 1675. Pour le ſurplus deſquels ſix mil quatre cens livres, montant à deux mil quarante-ſept livres deux ſols ſix deniers, ladite Dame Ducheſſe ſera cy-apres colloquée du vingt-ſixiéme Septembre 1653. jour de l'emprunt, comme eſtant ladite ſomme compoſée d'arrerages provenüs des deniers dudit feu ſieur de Lamoignon, employez
à l'acquit des arrerages & intereſts cy-deſſus declarez.

Plus de la ſomme de   pour les frais de ſon oppoſition.
Sera encore ladite Dame Ducheſſe d'Aiguillon, en conſequence deſdits
Arreſts du cinquiéme Septembre 1674. & tranſaction du troiſiéme Mars
1675. colloquée dudit jour vingt-deuxiéme Aouſt 1641. pour la ſomme
de onze cens cinquante-trois livres dix-ſept ſols, faiſant partie de deux
mil livres par ladite defunte Dame Ducheſſe d'Aiguillon ſa tante, payée

aux sieurs Directeurs de l'Hospital General, par deux quitances des septiesme Ianvier & vingt-huitiesme Fevrier 1668. pour deux années d'arrerages de mil livres de rente, constituée à Damoiselle Marie De-fita, veuve de Monsieur   Violle, Conseiller au Chastelet, par contract passé pardevant   & Vaultier Notaires, le vingt septiéme Septembre 1653. moyennant la somme de vingt mil livres payée à l'instant à ladite Damoiselle Anne Marie de la Vieuville, comme procuratrice de Dame Elizabeth de Favier, veuve du sieur Marquis de Paloiseau, par ladite quitance du vingt-sept Septembre 1653. passee pardevant Riviere & Vaultier Notaires, Sçavoir, onze mil cinq cens trente-huit livres dix sols, pour partie de seize mil cinq cens livres du principal de mil trente-une livre cinq sols de rente, constituee par Messire Iacques Vignier, Conseiller d'Estat, au nom & comme tuteur de Damoiselle Marie & Liesse de Luxembourg sœurs, filles & heritieres de Messire Henry de Luxembourg, Duc de Pigney, & de Dame Magdeleine de Montmorency son épouse, par contract passé pardevant Charlet & Herbin Notaires, le septiéme Septembre 1618. pour demeurer quite de pareille somme contenuë en une promesse dudit feu sieur Duc de Luxembourg, au profit de defunct Messire Claude de Harville, & Dame Catherine des Vrsins son espouse, en datte du trentiéme Ianvier 1614. reconnuë pardevant Fieffé & Groyn Notaires, le septiéme Fevrier audit an ; Et huit mil quatre cens soixante-une livres dix sols pour partie des arrerages desdits mil trente-une livres cinq sols de rente escheus audit jour vingt-septiésme Septembre 16 3 ledit payement ainsi fait ; sur ce qui estoit deû par la succession dudit feu Seigneur Cardinal de Richelieu, pour le prix de la susdite portion de Tingry par luy acquise, suivant le procez verbal de repartition de Monsieur Bignon, Conseiller d'Estat du vingt-cinquiéme Iuin 1649 & l'Arrest du Conseil d'Estat du 21. Iuillet 1675. avec les declarations & subrogations en faveur de ladite Damoiselle Violle, laquelle a fait declaration desdits mil liv. de rente au profit dudit Hospital General, par acte passé pardevant Rallu & Païllant Notaires, le vingtiéme Ianvier 1657. Et quant aux huit cens quarante-six livres trois sols restans desdits deux mil livres payées par ladite defunte Dame Duchesse d'Aiguillon, elle sera cy-apres colloquée du vingt-septiéme Septembre 1653 jour du contract de constitution, attendu que ce sont arrerages provenus desdits huit mil quatre cens soixante-une livres dix sols employées au payement des arrerages lors escheus de la rente de mil trente-une livres cinq sols deuë à ladite Dame Marquise de Paloiseau.

10.
La veuve & heritiers du sieur Collet dudit jour 22. Aoust 1641. pour 22575. l v 10 s. de principal.

Damoiselle Barbe Baudin, veuve de Maistre Iacques Collet, Maistre Michel Collet, Avocat en la Cour & consorts, enfans & heritiers dudit defunct, seront encore colloquez dudit jour vingt-deuxiéme Aoust 1641. pour la somme de vingt-deux mil cinq cens soixante-quinze liv. dix sols contenuë en l'obligation passée par lad. Dame Duchesse d'Aiguillon, tant en son nom, que comme administratrice dudit Sr Duc de Richelieu au profit de Nicolas Guillebert, Conseiller Secretaire du Roy, pardevant Parque & Vaultier Notaires, le 28. Sept. 1653 payable lad. somme dans un mois lors prochain, & empruntée par ladite Dame, pour employer, comme elle auroit fait, par quitance dudit jour, passée pardevant les mesmes Notaires, au payement de seize mil livres d'une part, pour le ra-

chat & amortiſſement de mil livres de rente, faiſant moitié de deux
mil livres auſſi de rente deuë aux Religieuſes de l'Annonciade de cette ville de Paris, & à elles conſtituée par Dame Henriette Catherine de
Balſac, Ducheſſe de Verneüil, par contract de fondation & donation
paſſé pardevant Parque & Iolly Notaires, le ſeiziéme Iuillet 1621. inſi-
nué au Chaſtelet le cinquiéme Iuillet ſuivant; Ledit rachat & rembourſement fait en l'acquit & décharge de Meſſire Henry de Bourbon, lors
Eveſque de Metz, heritier ſous benefice d'Inventaire de ladite defunte
Dame, Ducheſſe de Verneüil ſa mere, ſur-étant-moins des arrerages
de quatre mil cinq cens livres de rente, & de ſoixante-douze mil livres
de principal d'icelle, conſtituée au profit de ladite Dame par ledit ſieur
Henry, Duc de Luxembourg, & Magdeleine de Montmorency ſon
épouſe, par contract paſſé pardevant Tibault & Bergeon Notaires, le
dix-huitiéme Aouſt 1615. Pour leſquels arrerages & principal ledit ſieur
Duc de Verneüil ayant eſté mis en ordre, & leſdites Religieuſes de
l'Annonciade en ſous-ordre ſur iceluy, par l'Arreſt du Conſeil du vingt-
uniéme Iuillet 1645. & par le procez verbal de repartition de feu Monſieur Bignon, Conſeiller d'Eſtat du vingt-cinquiéme Iuin 1649. il auroit eſté ordonné que le payement en ſeroit fait par ladite Dame Ducheſſe d'Aiguillon, audit nom d'adminiſtratrice dudit ſieur Duc de Richelieu, ſur-étant-moins du prix principal de l'acquiſition de la ſuſdite
portion de Tingry, & intereſts d'iceluy; Et de ſix mil cinq cens ſoixante-
quinze livres dix ſols, à quoy montoient les arrerages deſdits mil livres
de rente, deûs & écheus juſqu'au vingt-huitiéme Septembre 1653. jour
dudit rachat, avec les declarations & ſubrogations ſtipulées au profit
dudit ſieur Guillebert, lequel auroit fait declaration de ladite ſomme
de vingt-deux mil cinq cens ſoixante-quinze liv. dix ſols en faveur de
Maiſtre François le Mazier, Procureur au Parlement, paſſée pardevant
leſdits Parque & Vaultier Notaires, ledit jour vingt-huictiéme Septembre 1659. au payement des intereſts, de laquelle ſomme ledit Guillebert
auroit fait condamner ladite defunte Dame Ducheſſe d'Aiguillon par
Sentence des Requeſtes du Palais, du onziéme Septembre 1654. à compter du vingt-troiſiéme Decembre precedent, jour de la demande, & auroit cedé ladite ſomme entiere de vingt-deux mil cinq cens ſoixante-
quinze liv. 10. ſ. à Damoiſelle Loüiſe Baudin, par contract paſſé devant
Meſnard & Parque Notaires, le dix-neuviéme Decembre 1659. quoy
qu'elle n'y euſt que dix mil livres, le ſurplus appartenant audit Maiſtre
Iacques Collet; ainſi qu'elle l'auroit reconnu & declaré par acte paſſé à
l'inſtant pardevant les meſmes Notaires, & depuis auroit fait tranſport
deſdits dix mil livres pardevant ledit Parque Notaire, audit Maiſtre
Iacques Collet, lequel à ce moyen auroit eſté ſeul proprietaire & creancier deſdits vingt-cinq mil cinq cens ſoixante-quinze livres dix ſols, &
intereſts.

Plus ſeront leſdite veuve & heritiers Collet, colloquez dudit jour
vingt-deuxiéme Aouſt 1641. pour les intereſts deſdits ſeize mil livres
de principal, acquittez de l'emprunt deſdits vingt-deux mil cinq cens
ſoixante-quinze livres dix ſols, montant à huit cens livres par chacun
an, à raiſon du denier vingt: & quant aux intereſts des ſix mil cinq
cens ſoixante-quinze livres dix ſols employées à payer les arrerages deûs

auſdites Religieuſes de l'Annonciade, montans par an à trois cens vingt-
huit livres quinze ſols ſix deniers, à raiſon du denier vingt, ils ſeront
cy-aprés colloquez du vingt-huitiéme Septembre 1653. jour de l'obligation paſſée audit Guillebert : & encore ſeront colloquez pour la ſomme
de   pour les frais de ſeur oppoſition.

12.
Madame la
Ducheſſe d'Ai-
guillon dudit
jour pour 2396.
livres, p y es
ſur les intereſts
deſdits ſeize
mil livres.

Sera encore ladite Dame Ducheſſe d'Aiguillon, en conſéquence dudit
Arreſt de la Cour du cinquieme Septembre 1654 & de la tranſaction du
troiſiéme Mars 1675. colloquée dudit jour vingt-deuxiéſme Aouſt 1641.
pour la ſomme de deux mil trois cens ſoixante-ſeize liv. faiſant partie de
trois mil trois cens quatre vingts livres ſept ſols un denier, payées par
ladite defunte Dame Ducheſſe d'Aguillon ſa tante audit feu ſieur Collet, ſur les intereſts deſdits vingt-deux mil cinq cens ſoixante-quinze
livres dix ſols, par deux quitances, l'une du vingt-uniéme Février 1669.
paſſée pardevant Lange & Carnot Notaires, l'autre ſignée dudit ſieur
Collet fils, le dix-ſept Février 1672. & ce à raiſon deſdites huit cens livres d'intereſt par chacun an, produits par leſdits ſeize mil livres de capital : & quant au ſurplus deſdits trois mil trois cens quatre vingts-ſept
livres ſept ſols un denier, montant à neuf cens quatre vingts-ſix livres
ſix ſols ſix deniers, ladite Dame ſera cy-aprés colloquée ſous la date du
vingt huitiéſme Septembre 1653 jour de ladite obligation, comme eſtant
des intereſts produits par les ſix mil cinq cens ſoixante-quinze liv. dix ſ.
employées à payer les arrerages deûs auſdites Religieuſes de l'Annonciade.

13.
Monſieur le
Tellier, Chan-
celier de France,
& conſorts, du-
dit jour 22.
Aouſt 1641
pour le arrera-
ges de 223 li-
vres 17 ſols de
rente, faiſant
partie de deux
mil ſix cens liv.
de rente.

Meſſire Michel le Tellier, Chancelier de France, Meſſire Edüard
Colbert, Seigneur de Villacerf, & Meſſire Iean-Baptiſte Colbert, Eveſque de Montauban, ſeront pareillement colloquez dudit jour vingt-
deuxiéme Aouſt 1641. pour les arrerages de douze cens trois livres dix-
ſept ſols neuf deniers de rente, faiſant partie de deux mil ſix cens livres
auſſi de rente venduë & conſtituée par ladite feuë Dame Ducheſſe d'Aiguillon, tant en ſon nom, que comme adminiſtratrice dudit ſieur Duc
de Richelieu ſolidairement à feu Meſſire Iean-Baptiſte Colbert, Seigneur de ſaint Poüange, par contrat paſſé pardevant Parque & Vaultier
Notaires, le vingt-huitieme Decembre 1653 moyennant cinquante-
deux mil liv. de principal, qui auroient eſté pareillement employées avec
quinze mil cinq cens livres auſſi par elle empruntées de Meſſire Gabriel
Caſſignet de Tilladet, à payer. Premierement à Iean Deſcamin, Eſcuyer ſieur de Boiſſi, tant en ſon nom, que comme ayant les droits cedez de Magdeleine Deſcamin ſa ſœur, l'un & l'autre heritiers de de-
funts Iean Deſcamin Eſcuyer, & Magdeleine Simon de Marquemont
leur Pere & mere, par quittance paſſée pardevant Bergeon & Vaultier
Notaires, le trentieſme Decembre 1653. la ſomme de quatorze mil
deux cens ſoixante-ſeize livres d'une part, pour le rachat & amortiſſement de huit cens ſoixante-douze livres cinq ſols de rente, reſtant à ra-
cheter de mil livres auſſi de rente, conſtituée par Meſſire Iuſte de Pon-
tallier, Baron de Pleurs, tant en ſon nom, que comme ſoy-faiſant
& portant fort de Dame Diane de Luxembourg ſon eſpouſe, au profit
dudit feu ſieur Deſcamin pere, par contract paſſé pardevant Doujat &
Saulnier Notaires, le deuxiéme Septembre 1613. dix-huit mil ſept cens
trente livres d'autre part, pour les arrerages de ladite rente eſcheus depuis le deuxiéme Ianvier mil ſix cens trente-trois, juſqu'au vingt-neu-
viéme

neuviéme Decembre 1653. dix-huit cens cinquante-six livres encore d'autre part, avancées par ledit sieur Descamin fils, pour les épices & frais de l'Arrest du sixiéme Septembre audit an 1653. ordonnée par ledit Arrest, estre prise sur les sommes deuës par les sieur & Dame Duc & Duchesse de Luxembourg à ladite Dame Diane de Luxembourg: & encore dix-sept cens soixante deux livres treize sols sur les frais & mises d'execution dudit sieur Descamin fils, à luy adjugez par le mesme Arrest. Secondement à Messire François de Rousselet, Chevalier Marquis de Chasteau Regnault, fils aisné de Messire François de Rousselet, Chevalier Marquis dudit Chasteau Regnault, & de Dame Loüise de Compans son épouse, par procez verbal en forme de quitance, passée pardevant Parque & Vaultier Notaires, ledit jour trentiéme Decembre 1653. la somme de douze mil livres d'une part, pour le principal rachapt & amortissement de sept cens cinquante livres de rente, constituée par lesdits sieur & Dame de Pleurs à Messire Iean-Baptiste de Bermont, Maistre des Requestes, au nom & comme tuteur de ladite Dame Loüise de Compans, par contract passé pardevant Notaires, le huitiéme Novembre 1613. & dix-sept mil cinq cens quinze livres d'autre part, à quoy montoient les arrerages de ladite rente, à compter du vingtiéme Novembre 1629. jusques audit jour trentiéme Decembre 1653. Lesdits principaux arrerages de rente, & frais payez par ladite feuë Dame Duchesse d'Aiguillon, sur le prix de la portion de Tingry, acquise par ledit feu Seigneur Cardinal de Richelieu, par le susdit contract du vingt-deuxiéme Aoust 1641. en consequence, tant de l'Arrest d'ordre des creanciers de la maison de Luxembourg, fait au Conseil Privé du Roy le vingt-uniéme Iuillet 1645. que du procés verbal de repartition fait par ledit sieur Bignon, le vingt-cinquiéme Iuin 1649. entre lesdits creanciers restans à estre payez, & les coacquereurs par indivis de ladite Principauté de Tingry. Troisiémement, la somme de cinq cens livres, consignée és mains de Vaultier Notaire, par exploict de le Roy, Sergent à Verge au Chastelet de Paris, du trentiéme Decembre 1653. sur le refus fait par Maistre Iean Masson, Procureur en la Cour, de l'accepter, & depuis retirée par ledit Masson des mains dudit Vaultier, par quitance passée pardevant Parque & ledit Vaultier Notaires, le vingt-deuxiesme Ianvier 1654. ladite somme comme à luy appartenant, & ayant esté adjugée à Monsieur & Madame les Duc & Duchesse de Luxembourg par le susdit Arrest du sixiesme Septembre 1653. pour les frais de saisies, arrests & empeschemens faits entre leurs mains par les creanciers desdits sieur & Dame de Pleurs sur les deniers qu'ils devoient, restans du prix des terres de Precy, saint Martin-lez-Monts, & la Forest de l'Orient de Brienne ausdits Sr & Dame de Luxembourg, vendus par lesdits sieur & Dame de Pleurs, par contracts des dix-huitiesme Ianvier 1597. & troisiesme Iuin 1599. ainsi qu'il est porté esdits Arrests; dans lesquels contracts de constitution, quitances & procés verbaux, les declarations & subrogations ont esté faites au profit dudit Seigneur le Tellier Chancelier, & consorts, & Cassaignet de Tilladet. Dans tous lesquels payemens, revenans ensemble à soixante-sept mil cinq cens livres, y ayant eu trente-un mil deux cens cinquante-quatre livres cinq sols de principaux, & trente-six mil deux cens quarante-cinq livres quinze sols d'arrerages payez & acquitez des cinquante-deux mil

C

deux cens livres empruntez dudit Seigneur Chancelier & conforts, & des quinze mil cinq cens livres auffi empruntées dudit fieur Caffaignet de Tilladet. Il paroift que ledit Seigneur Chancelier a efté fubrogé jufques à concurrence defd. cinquante-deux mil livres pour les fommes de vingt-quatre mil foixante-dix-fept livres quinze fols defdits principaux d'une part, faifant douze cens trois livres dix-fept fols neuf deniers de rente au denier vingt, & de vingt-fept mil neuf cens vingt-deux livres cinq fols defdits arrerages, faifant treize cens foixante-feize livres deux fols trois deniers de rente au denier vingt : Et qu'à l'efgard dudit fieur de Tilladet, il a efté fubrogé jufqu'à concurrence defdits quinze mil cinq cens liv. pour les fommes de 7176.l.10.f. de principaux d'une part, faifant 358. liv. 16.f. 6. d. de rente au denier vingt , & de 8,32.l. 10.f. d'arrerages d'autre part, faifant par an 416.l. 3.f. 6. d. auffi au denier vingt.

Pour lefquels arrerages de douze cens trois livres dix-fept fols neuf deniers de rente, feront, comme il eft dit cy-deffus, ledit Seigneur le Tellier & fes conforts colloquez dudit jour vingt-deuxiefme Aouft 1641. Et quant aux arrerages de treize cens quatre vingts-feize livres deux fols trois deniers de rente, faifant le furplus defd. 2600. liv. de rente, ils feront cy-apres colloquez du 28. Decembre 1653. jour de l'emprunt à eux fait, comme eftant ladite rente creée & provenuë du rembourfement des arrerages deûs aux fufdits creanciers de la maifon de Luxembourg.

Seront auffi ledit Seigneur le Tellier & lefdits fieurs de Villacerf & conforts, colloquez du fufdit jour vingt-deuxiefme Aouft 1641. pour leur principal de cinquante-deux mil livres, attendu l'employ d'iceluy, fait au payement de ce qui eftoit deû, tant en principaux, qu'arrerages aufdits creanciers de la maifon de Luxembourg, & les fubrogations ftipulées à leur profit.

Plus pour la fomme de   à quoy montent les frais & dépens à eux adjugez & taxez.

Plus pour les frais de leur oppofition, la fomme de

Sera encore ladite Dame Ducheffe d'Aiguillon, en confequence du fufdit Arreft du Parlement du cinquiéme Septembre 1674. & tranfaction du troifiefme Mars 1675. colloquée dudit jour vingt-deuxiéme Aouft 1641. pour la fomme de fept mil cinq cens une livre fix fols fix deniers, faifant partie de feize mil deux cens livres, par ladite defunte Dame fa Tante, payée audit Seigneur le Tellier & conforts, fur les arrerages defdits deux mil fix cens livres de rente par plufieurs quitances, exploits de contraintes & emprifonnemens de fes Fermiers, en date des dix-neuviefme Iuillet 1668. douziéme Fevrier 1669. vingt-feptiefme & trente-uniefme Ianvier, feptiefme Mars, cinquiefme & quatorziefme May 1671. Et ce à raifon defdits douze cens trois liv. dix-fept f. onze deniers feulement ; le furplus defdits feize mil livres montant à huit mil fix cens foixante-dix-huit livres treize fols fix deniers, eftant pour les arrerages des treize cens foixante feize livres deux fols trois deniers de rente, pour lefquelles elle fera cy-apres colloquée, du vingt-huitiéme Decembre 1653. jour de l'emprunt.

Meffire Iean-Baptifte Caffaignet, Chevalier Marquis de Tilladet, fera pareillement colloqué dudit jour vingt-deuxiéme Aouft 1641. pour les arrerages de trois cens cinquante-huit livres feize fols de rente, faifant partie de fept cens foixante-quinze livres de rente conftituée par ladite feuë Dame Ducheffe d'Aiguillon és qualitez fufdites, au profit

de Messire Gabriel Caffaignet de Tilladet, par contract paffé pardevant Parque & Vaultier Notaires, le vingt-huitiefme Decembre 1653.
moyennant quinze mil cinq cens livres employées, comme il a efté dit
cy-deffus en l'article de Monfieur le Tellier, Chancelier de France, &
fes conforts, au payement de ce qui eftoit deû en principaux & arrerages aux creanciers fufnommez de la maifon de Luxembourg, ladite rente efcheuë pour le tout audit fieur Marquis de Tilladet, par contract
d'accord & partage fait avec les fieurs & Dames fes freres & fœurs, paffé
pardevant le Caron & Gallois Notaires, le vingt-deuxiéme Iuin 1663.
Et quant aux arrerages de quatre cens feize livres trois fols fix deniers
de rente, faifant le furplus defdits fept cens foixante-quinze livres auffi
de rente ; Il fera colloqué cy-apres du vingt-huitiéme Septembre 1653.
jour du contract de conftitution pour les caufes & raifons amplement
déduites cy-deffus en l'article concernant la rente de mondit fieur le
Chancelier & conforts.

Sera encore ledit fieur Marquis de Tilladet colloqué dudit jour vingt-
deuxiefme Aouft 1641. pour la fomme de quinze mil cinq cens livres,
faifant le principal defdits fept cens foixante-quinze livres de rente, attendu l'employ du total de ladite fomme au payement de ce qui eftoit
deû, tant en principaux qu'arrerages aufdits creanciers de la maifon de
Luxembourg, aux droits & hypoteques defquels il a efté fubrogé.

Plus pour les frais de fon oppofition la fomme de

Sera auffi ladite Dame Ducheffe d'Aiguillon, en confequence de l'Arreft du Parlement du cinquiéme Septembre 1674. & tranfaction du
troifiefme Mars 1675. colloquée dudit jour vingt-deuxiefme Aouft 1641.
pour la fomme de dix-fept cens quatre vingts-quatorze liv. deux f. 6. d.
faifant partie de trois mil huit cens foixante-quinze livres par ladite defunte Dame Ducheffe d'Aiguillon fa Tante, payées audit fieur Marquis de
Tilladet pour cinq années defd. fept cens foixante-quinze l. de rente par
quitances des vingtiéme Avril 1668. quinziéme Iuillet 1671., & neu-
viefme Aouft 1673. qui eft à raifon defdits trois cens cinquante-huit livres feize fols fix deniers de rente par chacun an ; Et quant au furplus
defdits trois mil huit cens foixante-quinze livres, montans à deux mil
quatre-vingts livres dix-fept fols fix deniers, qui eft pour les arrerages
de quatre cens feize livres trois fols fix deniers, faifant partie defdits
fept cens foixante-quinze livres de rente, elle fera cy-après colloquée
du vingt-huitiefme Decembre 1653. pour les raifons expliquées és articles precedens.

Meffire François Phelippeaux, Seigneur d'Herbault, Confeiller au
Parlement, à caufe de Dame Anne Loyfel fon efpoufe, fera pareillement colloquée dudit jour vingt-deuxiéme Aouft 1641. pour les arrerages de fept cens quarante-neuf livres dix fols dix deniers de rente, faifant partie de quatorze cens livres de rente, conftituée par ladite defunte Dame Ducheffe d'Aiguillon en fon nom, & comme adminiftratrice
dudit fieur Duc de Richelieu folidairement ; à Meffire Claude Jolly,
Chanoine de l'Eglife Noftre-Dame de Paris, lors Tuteur de ladite Dame d'Herbault, par contract paffé devant Parque & Vaultier Notaires,
le vingt-uniefme Mars 1654. moyennant vingt-huit mil livres de principal, employez à l'inftant par ladite Dame au payement de ce qui eftoit
deû en principaux & arrerages de rentes aux creanciers cy-apres nom-

mez de la maison de Luxembourg, colloquez par l'Arrest d'ordre du
Conseil Privé, du vingt-uniéme Juillet 1645. Et repartis par le procés
verbal de Monsieur Bignon, Conseiller d'Estat, du vingt-cinquiesme
Iuin 1649. sur ce qui estoit deû par ledit Seigneur Duc de Richelieu, à
cause de l'acquisition faite par feu Monsieur le Cardinal de Richelieu
d'une portion de la principauté de Tingry, par ledit contract du vingt-
deuxiesme Aoust 1641. Sçavoir. A Noble homme Guillaume Frezon,
Tresorier de France à Paris, & Damoiselle Catherine Feydeau, veuve
de Noble homme François Frezon, Correcteur en la Chambre des
Comptes, tant en son nom, que comme tutrice, & ayant la gardeno-
ble des enfans mineurs dudit defunt & d'elle, par quitance passée pardevant Parque & Vaultier Notaires, le vingt-troisiesme Mars 1654.
douze mil cent cinquante livres d'une part pour le principal & amortissement de sept cens cinquante-neuf livres sept sols six deniers de rente
au denier seize, cedée par Dame Isabelle des Vrsins, veuve du sieur
Marquis de Mauny en son nom, & comme procuratrice dudit sieur son
mary ausdits François & Guillaume Frezon pere & fils, par contract
passé devant le Moyne & Parque Notaires, le vingt-septiesme Novembre 1614. qui estoit deuë par Messire Henry de Luxembourg, Duc de
Pigney, de reste de quinze mil sept cens cinquante livres, contenus en
sa promesse du trentiesme Ianvier 1614. au profit desdits sieur & Dame
de Mauny, reconnuë le septiesme Fevrier 1615. pardevant Fieffé &
Groyn Notaires, portant promesse, à defaut de payer dans le premier
jour dudit mois de Fevrier, d'en passer contract de constitution : & quatre mil quatre cens quatre vingts-une livre d'autre part, pour les arrerages de ladite rente, escheus depuis le premier Ianvier 1642. jusqu'audit jour 23. Mars mil six cens cinquante-quatre, date de ladite quitance.
A Antoine Olin, Escuyer, Tresorier des Gardes du Corps, tant
pour luy, que pour ses coheritiers, en la succession de Marie Truchot,
veuve d'Antoine Olin son ayeule, par quitance en forme de procés
verbal, passée pardevant Parque & Vaultier Notaires, le vingt-deu-
deuxiesme Mars audit an 1654. deux mil huit cens quarante livres dix-
sept sols, faisant partie de trois mil deux cens livres d'une part, pour le
rachat & amortissement de deux cens livres de rente, constituée au profit de Maistre Antoine Maynon par la Dame Marquise de Verneüil, &
ledit Antoine Olin solidairement, par contract passé pardevant Car-
tier & Robinot Notaires, le vingt-quatriéme Septembre 1615. lequel
Maynon, par acte dudit jour, en auroit fait declaration au profit dudit Olin, auquel ladite Dame de Verneüil auroit aussi, par autre acte
dudit jour, passé pardevant les mesmes Notaires, promis acquiter ledit
Olin de l'obligation, où il estoit entré avec elle, & reconnu qu'elle seu-
le avoit profité desdits deniers : Et quatre mil cinq cens vingt-sept livres, faisant partie de cinq mil cent livres pour vingt-cinq années d'arrerages desdits deux cens livres de rente, restans de ceux escheus depuis
la constitution d'icelle ; au moyen dequoy il paroist que desdites vingt-
huit mil livres empruntées, il y en a eu quatorze mil neuf cens soixante-dix livres dix-sept sols employées au rachat des principaux desdites
deux rentes, faisans sept cens quarante neuf livres dix sols dix deniers
de rente au denier vingt, pour les arrerages de laquelle la presente collocation est faite : Et treize mil neuf livres trois sols, employées au payement de partie des arrerages desdites rentes, faisans six cens cinquante

livres

livres neuf fols deux deniers de rente au denier vingt, pour les arrerages defquels fix cens cinquante livres neuf fols deux deniers, ledit fieur
Phelippeaux fera cy-aprés colloqué du vingt-uniéme Mars 1654. jour de
fon contra&t de conftitution.

Plus fera colloqué dudit jour vingt-deuxiefme Aouft 1641. pour ladite fomme entiere de vingt-huit mil livres de principal, attendu qu'elle a efté entierement employée à payer ce qui eftoit deû en principaux
& arrerages aux creanciers fufnommez de la maifon de Luxembourg,
ainfi qu'il a efté expliqué en l'article precedent.

Plus pour la fomme de   pour les frais de fon oppofition.

Et en fous-ordre fur ledit fieur d'Herbault, fera colloqué Meffire
Gafpard de Fieubet, Confeiller d'Eftat ordinaire de fa Majefté, & Chancelier de la Reine, pour la fomme de

Sera auffi ladite Dame Ducheffe d'Aiguillon, en confequence du fufdit Arreft du cinquiefme Septembre 1674. & tranfaction du troifiefme
Mars 1675. colloquée dudit jour vingt-deuxiefme Aouft 1641. pour la
fomme de feize cens fix livres huit deniers, faifant partie de celle de
trois mil livres, payée par ladite defunte Dame Ducheffe d'Aiguillon
fa Tante audit fieur d'Herbault, fur les arrerages defdites quatorze cens
livres de rente, qui eft à raifon defdites fept cens quarante-neuf livres
dix fols dix deniers de rente par chacun an. Et quant au furplus defdits
trois mil livres, montant à treize cens quatre vingts treize livres dix-
neuf fols quatre deniers, elle fera cy-aprés colloquée du 21. Mars 1654.
jour du contract de conftitution defdites quatorze cens livres de rente,
comme eftant des arrerages provenus des deniers employez au payement des arrerages deûs aux creanciers fufnommez de la maifon de Luxembourg.

Meffire Iean-François Iolly, Seigneur de Fleury, Confeiller au Parlement, fera encore colloqué dudit jour vingt-deuxiefme Aouft 1641.
pour les arrerages de deux cens trente-neuf livres dix-neuf fols fix deniers de rente, faifant partie de quatre cens cinquante-fept livres dix-
fept fols dix deniers auffi de rente à luy deuë, & reftant de mil livres de
rente, creée & conftituée par ladite defunte Dame Ducheffe d'Aiguillon en fon nom, & comme adminiftratrice de Monfieur le Duc de Richelieu, folidairement au profit de Dame Charlotte Bourbon, veuve
de Meffire Iean Iolly, Seigneur de Fleury, Confeiller au Grand Confeil,
par contract paffé pardevant   & Vaultier Notaires, le vingt-
fixiefme Mars 1654. moyennant la fomme de vingt mil livres, employée
par ladite Dame Ducheffe d'Aiguillon au payement de partie de ce qui
eftoit deû aux creanciers cy-apres nommez de la maifon de Luxembourg, colloquez par l'Arreft d'ordre fait au Confeil Privé du vingt-
uniefme Iuillet 1645. & procés verbal de repartition de feu Monfieur
Bignon, Confeiller d'Eftat, du vingt-cinquiéme Iuin 1649. fur & en dé-
duction de ce qui eftoit deû par ledit fieur Duc de Richelieu du prix des
portions de la Principauté de Tingry, acquifes par feu Monfieur le Cardinal de Richelieu par le contract fufdit, du vingt-deuxiefme Aouft
1641. avec les declarations & fubrogations requifes & neceffaires, au
profit de ladite Dame Charlotte Bourlon. Sçavoir: A Monfieur Maiftre Eftienne Charlet, Seigneur d'Ebly, Confeiller au Parlement, par

---

Marginalia:

21.
Luy dudit jour pour 28000. l. de principal.

22.
Monfieur de Fieubet en fous-ordre fur ledit d'Herbault.

23.
Madame d'Aiguillon dudit jour pour 1606. liv. 8. d. payées fur les arrera-ges des fufdits 749. liv. 10. f. 10. d. de rente.

M. Iolly, Seigneur de Fleury, dudit jour 22. Aouft 1641. pour les arrera-ges de 239. liv. 19. f. 6. den. de rente.

quitance paſſée pardevant Parque & Vaultier Notaires, le vingt-ſeptiéme Mars 1654. la ſomme de cinq mil cinq cens ſoixante onze livres ſept
ſ. 7. d. d'une part pour le rachat & rembourſement de partie de 16000.
livres, faiſant le capital de mil livres de rente, conſtituée par ladite Dame Catherine Henriette de Balſac, Ducheſſe de Verneüil, au profit dudit ſieur Charlet, par contract paſſé pardevant Camuſet & de ſaint Fuſ-
cien Notaire, le deuxieſme Avril 1631. de laquelle rente Meſſire Henry de Bourbon, lors Evêque de Metz, heritier ſous benefice d'Inventaire de ladite Dame Ducheſſe de Verneüil ſa mere, auroit paſſé titre
nouvel pardevant Bloſſe & Bonard Notaires, le douzieſme Fevrier
1636. Et cinq mil cent treize livres huit ſols cinq deniers d'autre part,
pour partie de quatorze mil ſix cens quatre vingts-quatre livres ſeize
ſols d'arrerages deſdits mil livres de rente, écheus depuis 1640. juſqu'au
vingt-ſeptiéme Mars 1654. date de ladite quitance. Secondement, A Nicolas Lambert Eſcuyer, heritier en partie de defunte Dame Marguerite
le Liévre ſa tante, au jour de ſon deceds, veuve de Monſieur Maiſtre
Nicolas Roüillard, Maiſtre des Comptes, par quitance du vingt-huitiéme Mars 1654. paſſée pardevant Parque & Vaultier Notaires, quinze cens liv. d'une part pour le rachat & amortiſſement de quatre vingts-
treize livres quinze ſols de rente, faiſant moitié de cent quatre vingts-
ſept liv. dix ſ. auſſi de rente, montant en principal à la ſomme de 3000. l.
fournie par ledit Sr Roüillard à Meſſire François de Luxembourg, Duc
de Pigney, par contract paſſé pardevant Mouſle & Doujat Notaires, le
douziéme Octobre 1611. pour le ſupplément du denier douze au denier
ſeize, de ſept cens cinquante livres de rente, qui avoit eſté conſtituée
par ledit ſieur de Luxembourg audit ſieur Rouillard, par contract paſſé
pardevant   & Doujat Notaires, le vingt-troiſiéme Avril 1586.
ladite rente écheuë audit ſieur Lambert au quatriéme lot du partage fait
entre luy & ſes coheritiers pardevant Vaultier & Demas Notaires, le
dixieſme Aouſt 1645. auquel ſieur Lambert, & à ſes conſorts, elle eſtoit
écheuë dans le partage general des effets de la ſucceſſion de ladite Dame
Marguerite le Liévre, paſſé pardevant Galloys & Demas Notaires, le
quinziéme Iuin audit an 1645. Deux mil ſept cens quinze livres treize
ſols d'autre part, pour les arrerages deſdits quatre vingts treize livres
de rente, écheus de tout le paſſé, juſqu'au vingt-huitiéme Mars 1654.
date de ladite quitance; Et encore quatre cens trente-huit livres d'autre
part, pour frais & dépens deûs & adjugez audit ſieur Lambert. Troi-
ſiémement, à Maiſtre Iean Maſſon, Procureur en la Cour, par quitance paſſée pardevant Parque & Vaultier Notaires, le vingt-uniéme
Ianvier 1655. la ſomme de deux cens ſept livres quatre ſols d'une
part, pour le payement en partie de deux mil trois cens quatre
vingts-ſix livres cinq ſols cinq deniers de principaux, eſpices, couſts
d'arreſts à luy appartenans, comme Procureur deſdits ſieur & Dame
Duc & Ducheſſe, & pour dépens à luy adjugez: Et vingt-neuf livres
huit ſols ſix deniers d'autre, pour le payement en partie de trois cens
trente-huit livres ſeize ſols ſept deniers d'intereſts adjugez audit Maſſon, & qui avoient couru juſqu'au jour & date de ladite quitance. Qua-
triémement à Loüis Deaubonne, Eſcuyer ſieur Deſtournelles, par quitance du vingt-deuxiéme Mars 1656. la ſomme de deux mil huit cens
vingt-deux livres de principal d'une part, faiſant partie de plus grande,

à laquelle ont esté liquidez les frais faits, tant par ledit sieur Destournelles, que par Maistre Iean Masson, Procureur en la Cour, pour par-
venir au contract d'acquisition des terres de la maison de Luxembourg,
du premier Avril 1640. & autres faits en execution d'iceluy, moderez à
dix-huit mil livres, à porter moitié par les vendeurs, moitié par les
acquereurs à proportion. Pour tous lesquels frais lesdits Destournelles
& Masson ont esté colloquez par preferance par ledit Arrest d'ordre du
Conseil, du vingt-uniéme Iuillet 1645. & desquels ladite defunte Dame
Duchesse d'Aiguillon, comme administratrice dudit sieur Duc de Richelieu, a dû porter lesdits deux mil huit cens vingt-deux livres par le
susdit procés verbal de repartition du vingt-cinquiéme Iuin 1649. Huit
cens quatre vingts-quatorze livres dix-huit sols cinq deniers d'autre
part, pour les interests desdits deux mil huit cens vingt-deux livres adjugez par Arrest du Parlement du dixiéme Iuillet 1650. à compter depuis le sixiéme dudit mois, qu'ils avoient esté demandez, jusqu'au
vingt-deuxiéme Mars 1656. jour de ladite quitance : Et encore dix livres
d'autre part pour frais faits en execution de l'Arrest du Conseil, du
trentiéme Iuin 1651. qui avoit renvoyé au Parlement l'execution du susdit contract de vente, du premier Avril 1640. Au moyen dequoy il paroist que desdits vingt mil livres empruntées de ladite Dame Iolly, il
n'y en a eu que dix mil quatre cens cinquante-huit livres douze sols six
deniers, employées à payer partie des principaux deûs aux susdits creanciers, & huit mil sept cens cinquante-trois livres huit sols quatre deniers,
employées à payer partie des arrerages & interests deûs aux mesmes
creanciers, faisans lesdites deux sommes jointes ensemble celle de dix-
neuf mil deux cens douze livres dix sols ; de sorte qu'il y a eu sept cens
quatre vingts-sept livres dix-neuf sols deux deniers, dont il n'a point
esté fourny d'employ à ladite Dame Iolly.

Et parce que par contrat d'ordre volontaire du prix de la terre du Bois-
le-Vicomte, venduë & decretée sur ledit sieur Duc de Richelieu, & adjugée à Monsieur le Duc Mazarini par Arrest du Parlement, du vingt-
septiefme Mars 1664. ledit contract passé pardevant Chuppin & le Foyn
Notaires, le vingt-quatriéme Fevrier 1665. & autres jours suivans, ho-
mologué par Arrest dudit Parlement le septiéme Septembre 1665. ledit
sieur Iolly Fleury a esté colloqué utilement, & a receu la somme de
dix mil huit cens vingt-deux liv. deux sols sur les vingt mil livres de
principal desdits mil livres de rente : distribution estant faite au marc
la livre de ladite somme sur les trois cy-dessus de dix mil quatre cens
cinquante-huit livres douze sols six den. d'une part : huit mil sept cens
cinquante-trois livres huit sols quatre deniers d'autre part, pour raison
desquelles deux sommes il avoit employ & subrogation : & encore de
sept cens quatre-vingts sept livres dix-neuf sols deux deniers d'autre
part, pour lesquelles il n'a eu ny subrogation ny employ. Il se trouve
que sur les dix mil quatre cens cinquante-huit livres douze sols six deniers, employées avec subrogation au payement des capitaux deûs
aux creanciers susnommez de la maison de Luxembourg, il a receu
cinq mil six cens cinquante-neuf livres trois sols quatre deniers : Et
partant luy reste encore deû quatre mil sept cens quatre vingts dix-neuf
livres neuf sols deux deniers. Que sur les huit mil sept cens cinquante-
trois livres huit s. quatre deniers employées avec subrogation au paye-

ment des arrerages & interefts deûs aux mefmes creanciers, il a receu
quatre mil fept cens trente-fix livres onze fols trois deniers : Et partant
luy refte encore deû quatre mil feize livres dix-fept fols un denier : Et
que fur les fept cens quatre vingt-fept livres dix-neuf fols deux deniers,
dont il n'a ny employ ny fubrogation, il a receu quatre cens vingt-fix
livres fept fols cinq deniers : Et partant luy refte encore deû trois cens
foixante-une livre onze fols neuf deniers.

Lefquels quatre mil fept cens quatre vingts-dix-neuf livres neuf fols
deux deniers employées avec fubrogation au payement defd. capitaux,
font par an au denier vingt, deux cens trente-neuf livres dix-neuf fols
fix deniers de rente. Pour les arrerages de laquelle il fera colloqué dudit jour vingt-deuxiéme Aouft 1641. ainfi qu'il a efté dit cy-deffus : Et
quant aux arrerages, tant defdits quatre mil feize livres dix-fept fols
un denier, employées avec fubrogation au payement des fufdits arrerages, que des trois cens foixante-une livre onze fols neuf deniers, dont
il n'y a point eu d'employ, montans par an au denier vingt, à deux
cens dix-huit fols quatre deniers, enfemble pour lefdites trois cens foixante-une livre onze fols neuf deniers de principal, il fera cy-aprés colloqué du vingt-fixiéme Mars 1654. jour de fon contract de conftitution.

Sera encor ledit fieur Iolly, Seigneur de Fleury, colloqué dudit jour
vingt-deuxiéme Aouft 1641. pour lefdites quatre mil fept cens quatre
vingts-dix-neuf livres neuf fols deux deniers d'une part, & quatre mil
feize livres dix-fept fols un denier d'autre part, faifant le tout huit mil
huit cens feize livres fix fols trois deniers, comme ayant efté lefdites fommes employées avec fubrogation au payement de partie,
tant des principaux, que des arrerages deûs aux creanciers fufnommez
de la maifon de Luxembourg, ainfi qu'il a efté expliqué en l'article
precedent.

Plus pour la fomme de   pour les frais de fon
oppofition.

Sera pareillement ladite Dame Ducheffe d'Aiguillon, en confequence du fufdit Arreft du Parlement du cinquiéme Septembre 1674. & tranf-
faction du troifiéme Mars 1675. colloquée du vingt-deuxiéme Aouft
1641. pour la fomme de mil quarante-fix livres dix-neuf fols trois deniers, faifant partie de deux mil livres par elle payée audit fieur Iolly
de Fleury, fur les arrerages à luy deûs du reftant defdites mil livres de
rente, par quitances des vingt-feptiéme Iuillet 1666. vingt-deuxiéme
Fevrier 1668. feptiéme Iuillet 1669. & huitiéme Mars 1670. qui eft à raifon & pour la rente fufdite de deux cens trente-neuf livres dix-neuf fols
fix deniers feulement par chacun an, pour le furplus defquels deux mil
livres, montant à neuf cens cinquante-trois livres neuf deniers, elle
fera cy-aprés colloquée, ainfi que ledit fieur Iolly de Fleury du vingt-
fixiéme Mars 1654. ainfi qu'il a efté expliqué cy-deffus.

Meffire Michel le Preftre, Chevalier, Seigneur de Marceille, eftant
aux droits de Meffire André Claude le Preftre, Chevalier, Seigneur
de Beauregard. Dame Marie le Preftre, veuve de Meffire Loüis de
Gaignon, Chevalier, Seigneur de Villaine ; Et Dame Iacqueline de
Rochechoüard, veuve de Meffire François de Carvoifin, Chevalier,
Seigneur de Fercourt & de Marceille, ayant droit par tranfport dudit

fieur

fieur de Marceille, feront colloquez par concurrence entr'eux du vingt-quatre Mars 1648. pour les fommes cy-apres, Sçavoir.

Ledit Meffire Michel le Preftre, Seigneur de Marceille, pour les arrerages de deux cens quatre vingts-deux liv. quinze fols de rente à luy cedée & tranfportée par ledit fieur de Beauregard fon frere, auquel elle eftoit écheuë par partage & fubdivifion faite entr'eux & ladite Dame de Villaines leur fœur, & à prendre dans mil livres de rente à eux conjointement écheuë, comme heritiers en partie de Dame Anne le Camus de Iambeville, Ducheffe d'Ampville, par partage fait entr'eux & leur coheritiers, pardevant Rallu & Payfant Notaires, le dix-huitiéme Mars 1657. à laquelle Dame Ducheffe d'Ampville ladite rente de mil livres avoit efté conftituée par ladite defunte Dame Ducheffe d'Aiguillon en fon nom, & comme adminiftratrice dudit fieur Duc de Richelieu folidairement, par contract paffé pardevant Tronçon & de Riviere, Notaires, le vingt-quatriéme Mars 1648. moyennant la fomme de dix-huit mil livres employée pour les affaires de la fucceffion de Monfieur le Cardinal de Richelieu, ainfi qu'il a efté jugé par le fufdit Arreft du cinquiéme Septembre 1674. intervenu avec ledit fieur Duc de Richelieu & les creanciers de ladite fucceffion fur l'inftance de debats de compte de l'adminiftration que ladite defunte Dame Ducheffe avoit euë de la perfonne & biens dudit fieur Duc de Richelieu.

Ledit fieur de Marceille pour les arrerages de 282. liv. 15. f. 6. d. de rente, faifant partie de mil livres auffi de rente.

Plus pour le capital defdites deux cens quatre vingts-deux livres quinze fols fix deniers de rente, montant au denier dix-huit à la fomme de cinq mil quatre vingts-neuf livres dix-neuf fols.

Plus pour 5089. liv. 19. f. pour le principal.

Plus la fomme de   pour les frais de fon oppofition.

Et en fous-ordre fur ledit fieur de Marceille, fera colloqué Monfieur Maiftre Antoine Guyet, Maiftre des Comptes, pour la fomme de

M. Guyet Maiftre des Comptes en fous-ordre fur ledit fieur de Marceille.

Ladite Dame Marie le Preftre, Dame de Villaines, pour les arrerages de trois cens cinquante-huit livres douze fols trois deniers de rente, faifant partie defdits mil livres de rente à elle efcheus par le partage cy-deffus énoncé fait entr'elle & lefdits fieurs Michel & André Claude le Preftre fes freres.

Ladite Dame de Villaines pour les arrerages de 358. l. 12. f. 3 d. de rente, faifant partie defd. mil liv. de rente.

* Plus pour le capital defdits trois cens cinquante-huit livres douze fols trois deniers de rente, montant au denier dix-huit à la fomme de 6455. liv. 6. deniers.

Elle pour 6455. liv. 6. den. ue principal.

Plus de la fomme de   pour les frais de fon oppofition.

Et en fous-ordre fur la Dame de Villaines, fera colloqué Claude le Fevre, Tailleur d'habits, pour la fomme de

Claude le Févre en fous-ordre fur lad. Dame.

Ladite Dame de Carvoifin pour les arrerages de trois cens cinquante-huit livres douze fols trois deniers de rente, à prendre & faifant partie des fufdits mil livres de rente à elle cedez & tranfportez par ledit fieur Michel le Preftre, Seigneur de Marceille, par contract en forme d'efchange paffé entr'eux pardevant Crefpin & Garnier Notaires, le quatorziefme Iuillet 1668. auquel fieur le Preftre ladite rente eftoit efcheuë par le fufdit partage fait entre luy, ledit fieur de Beauregard fon frere, & ladite Dame de Villaines leur fœur.

La Dame de Carvoifin pour les arrerages de 358. l. 12. f. 3. den. faifant le refte defd. mil liv. de rente.

Plus pour le capital defdits trois cens cinquante-huit livres douze fols trois

E

deniers de rente, montant au denier dix-huit à la somme de 6455. liv. 6. deniers.

Plus de la somme de   pour les frais de son opposition.

Sera pareillement ladite Dame Duchesse d'Aiguillon, en consequence du susdit Arrest du cinquiesme Septembre 1674. & transaction du troisiéme Mars 1675. colloquée dudit jour vingt-quatriéme Mars 1648. pour la somme de treize mil sept cens dix livres quatre sols six deniers payée par ladite defunte Dame Duchesse d'Aiguillon sa Tante, tant ausdits sieurs le Prestre & Dame de Villaines en commun sur les arrerages desdits mil livres de rente, avant le partage d'icelle fait entr'eux, qu'ausdits sieurs de Marceille & Dame de Villaines separément depuis ledit partage, par quitances des vingt-sixiéme May 1660. vingt-quatriéme Decembre 1663. septiesme May 1671. dix-septiesme & vingt-deuxiéme Fevrier, & cinquiesme Iuillet 1673. & vingt-septiesme Novembre 1674.

Messire Armand Iean de Peyre de Troisvilles, Abbé Commandataire de l'Abbaye de Montirandel, & Messire Ioseph Henry de Peyre, Chevalier Comte de Troisvilles, enfans & heritiers de defunt Messire Armand Iean de Peyre, Chevalier Comte de Troisvilles, seront colloquez du cinquiesme Iuin 1648. pour les arrerages de trois cens trente-trois livres six sols huit deniers de rente, faisant partie de deux mil cinq cens livres aussi de rente constituée par ladite defunte Dame Duchesse d'Aiguillon en son nom, & comme administratrice dudit sieur Duc de Richelieu solidairement, au profit dudit feu sieur Comte de Troisvilles, par contract passé pardevant Vaultier & le Moyne Notaires, le dix-huitiéme Mars 1653. moyennant quarante-cinq mil livres, dont sept mil deux cens soixante-dix livres sept sols ont esté employées par ladite Dame Duchesse, à payer, comme elle a fait par quitance du lendemain, passée pardevant lesdits Notaires, à Dame Marie de la Tremoille, Abbesse de Ioüars. Sçavoir : six mil livres d'une part pour le rachat & amortissement de trois cens trente-trois livres six sols huit deniers de rente, constituée à ladite Abbaye par ladite Dame Duchesse d'Aiguillon esdits noms solidairement, par contract passé pardevant Parque & Vaultier Notaires, le cinquiesme Iuin 1648. moyennant la somme de six mil livres, employée à l'instant pour les affaires de la succession de feu Monsieur le Cardinal de Richelieu, & declarée une charge & dette d'icelle par ledit Arrest du cinquiesme Septembre 1674. rendu avec ledit sieur Duc de Richelieu & les creanciers de ladite succession ; Et douze cens soixante-dix livres sept sols d'autre part pour les arrerages desdits trois cens trente-trois livres six sols huit deniers de rente lors écheus : Et quant aux arrerages provenus desdits douze cens soixante dix livres sept sols, lesdits sieurs de Troisvilles seront pour iceux cy-apres colloquez du vingt-quatriéme Mars 1653. jour du susdit contract de constitution.

Plus seront encore lesdits sieurs Abbé & Comte de Troisvilles colloquez dudit jour cinquiéme Iuin 1648. pour ladite somme entiere de sept mil deux cens soixante-dix livres sept sols, faisant partie des quarante-cinq mil livres de principal desdits deux mil cinq cens livres de rente, comme ayant esté ladite somme remboursée à ladite Abbaye de Ioüars de partie desdits quarante-cinq mil livres de principal, avec su-

brogation, ainſi qu'il a eſté jugé par ledit Arreſt du cinquiéme Septembre 1674.

Seront encore leſdits ſieurs Abbez & Comte de Troiſvilles colloquez
du quatrieſme Aouſt 1648. pour les arrerages de cinq cens livres de
rente, faiſant partie deſdits deux mil cinq cens livres de rente, comme
ayant eſté partie deſdits quarante-cinq mil liv. de principal, employez
à payer & rembourſer aux Religieuſes Carmelites de la ruë Chappon,
par quitance paſſée pardevant Vaultier & le Moyne Notaires, le vingt-
neuvieſme Mars 1653. Sçavoir : Neuf mil livres d'une part pour le rachat
& amortiſſement de cinq cens livres de rente, conſtituée au profit deſdites Religieuſes par ladite defunte Dame Ducheſſe d'Aiguillon eſdits
noms ſolidairement, par contract paſſé pardevant Parque & Vautier
Notaires, le quatrieſme Aouſt 1648. moyennant pareille ſomme de
neuf mil livres, employée à l'inſtant pour les affaires de la ſucceſſion
dudit feu Seigneur Cardinal de Richelieu ; de laquelle ſucceſſion ledit
emprunt a eſté declaré eſtre une dette & une charge par ledit Arreſt du
cinquiéme Septembre 1674. Et treize cens trente-neuf livres trois ſols
deux deniers d'autre part, pour les arrerages qui eſtoient lors écheus
deſdits cinq cens livres de rente. Et quant aux arrerages qui ont eſté
produits deſdits treize cens trente-neuf livres trois ſols deux deniers,
leſdits ſieurs Abbé & Comte de Troiſvilles ſeront cy-aprés colloquez
pour raiſon d'iceux du vingt-quatriéme Mars 1653. jour de leur contract
de conſtitution.

Seront auſſi leſdits ſieurs Abbé & Comte de Troiſvilles colloquez
dudit jour quatriéme Aouſt 1648. pour la ſomme entiere de dix mil trois
cens trente-neuf livres trois ſols deux deniers, payée de partie des quarante-cinq mil livres du principal de leur conſtitution, pour acquiter leſdites neuf mil livres de principal, & treize cens trente-neuf livres trois
ſols deux deniers d'arrerages, rembourſez & payez auſdites Religieuſes Carmelites, aux droits deſquelles ledit feu ſieur Comte de Troiſvilles a eſté ſubrogé au moyen des declarations & ſtipulations faites à ſon
profit lors de la quitance d'employ de ſes deniers, ainſi qu'il a eſté jugé par ledit Arreſt du 5. Septembre 1674.

Seront encore leſdits ſieurs Abbé & Comte de Troiſvilles colloquez
du trente-uniéme Aouſt 1648. pour les arrerages de deux cens ſoixante-dix-ſept livres quinze ſols ſix deniers de rente, faiſant partie deſdits
deux mil cinq cens livres de rente, comme ayant eſté partie deſdits
quarante-cinq livres de principal, employée à payer & rembourſer
auſdites Religieuſes Carmelites de la ruë Chappon, par quitance paſſée
pardevant Vaultier & le Moyne Notaires. Sçavoir : Cinq mil l. d'une part
pour le rachat & amortiſſement de deux cens ſoixante-dix-ſept livres
quinze ſols de rente, conſtituée par ladite defunte Dame Ducheſſe d'Aiguillon és qualitez cy-deſſus ſolidairement au profit deſdites Religieuſes
Carmelites, par contract du trente-uniéme Aouſt 1648. moyennant la
ſomme de cinq mil livres, employée à l'inſtant és affaires de la ſucceſſion dudit Seigneur Cardinal, & à ce ſujet declarée du nombre des
dettes & charges d'icelle, par ledit Arreſt du cinquieſme Septembre
1674. Et ſept cens dix-ſept livres onze ſols neuf deniers d'autre part,
pour les arrerages deſdites deux cens ſoixante-dix-ſept liv. quinze ſols
ſix deniers de rente, qui lors en eſtoient écheus ; Et quant aux arrera-

31.
Eux du 4. Aouſt
1648. pour les
arrerages de
500. livres de
rente, faiſant
partie deſdits
2500. liv. de
rente.

32.
Eux dudit jour
pour 10339. liv.
3. ſ. 2. den. de
principal.

33.
Eux du 31.
Aouſt 1648.
pour les arrera-
ges de 277. liv.
15. ſ. 6. d. de
rente, faiſant
partie des ſuf-
dites 2500. liv.
de rente.

ges produits defdits fept cens dix-fept livres onze fols neuf deniers, lefdits fieurs Abbé & Comte de Troifvilles feront cy-apres colloquez pour
raifon d'iceux, du vingt-quatriéme Mars 1655. jour de leur contract de
conftitution.

34.
Eux dudit jour pour 5717. l. de principal.

Plus feront colloquez dudit jour trente-uniefme Aouft 1648. pour les
cinq mil fept cens dix-fept livres onze fols neuf deniers payées de partie de leur principal de quarante-cinq mil livres, pour acquiter, tant le
capital que les arrerages defdites deux cens foixante-dix-fept livres
quinze fols fix deniers de rente deuë aufdites Religieufes Carmelites,
aux droits defquelles ledit feu fieur Comte de Troifvilles leur pere, a
efté fubrogé, au moyen des declarations faites à fon profit, tant lors de
l'emprunt, que lors de l'employ de fes deniers, comme il a efté jugé par
le fufdit Arreft du cinquiefme Septembre 1674.

Plus de la fomme de   pour les frais de fon oppofition.

35.
*Madame d'Ai-
guillon defdits
jours pour
11484. l. 11. f.
1. d. payées fur
les arrerages des
fufdites trois
parties de rente.*

Sera pareillement ladite Dame Ducheffe d'Aiguillon, en confequence dudit Arreft du cinquiefme Septembre 1674. & de la tranfaction du
troifiefme Mars 1675. colloquée defdits jours cinquiefme Iuin, quatriéme & trente-uniefme Aouft 1648. pour la fomme de onze mil quatre
cens quatre vingts-quatre livres onze fols un denier, faifant partie de
la fomme de vingt-cinq mil huit cens quarante-une livre quatorze fols
huit deniers par elle payée, tant audit feu fieur Comte de Troifvilles
pere, quaufdits fieurs Abbé & Comte de Troifvilles fes enfans, fur les
arrerages defdites deux mil cinq cens livres de rente, par plufieurs quitances des vingt-cinquiefme Iuin 1660. treiziefme Avril, vingt-quatriéme Iuillet, vingt-fixiéme Septembre 1668. quinziefme Iuillet, & vingt-
cinquiefme Novembre 1670. vingtiefme Fevrier 1671. feiziefme Fevrier
& vingt-fixiefme Iuillet 1672. & feiziefme May 1673. qui eft à proportion des trois parties de rente cy-deffus, de trois cens trente-trois livres
fix fols huit deniers d'une part, cinq cens livres d'autre, & deux cens
foixante-dix-fept livres quinze fols fix deniers encore d'autre, faifans
lefdites parties jointes enfemble, celle de onze cens onze livres deux
fols deux deniers de rente par chacun an: Et quant au furplus defdits
vingt-cinq mil huit cens quarante-une livre quatorze fols huit deniers,
ladite Dame Ducheffe d'Aiguillon fera cy-apres colloquée du jour &
date que lefdits fieurs de Troifvilles le feront, pour le reftant de leur
capital & arrerages.

36.
*M. le Prefident
Tambonneau
& conforts, Di-
recteurs des
creanciers du
feu fieur Bon-
neau, du 18.
May 1649. pour
les arrerages de
mil liv. de ren-
te.*

Meffire Iean Tambonneau, Confeiller du Roy en fes Confeils, Prefident en fa Chambre des Comptes à Paris: Meffire Iean Turquant, cy-
devant Maiftre des Requeftes: Meffire Nicolas de Malebranche, Confeiller du Roy en fa Cour de Parlement: Meffire Adrien de Hannyvel,
Chevalier, Marquis de Mannevilette: & Meffire Criftophle Iofliet,
Commiffaire des guerres, creanciers & directeurs des autres creanciers
de defunt Meffire Thomas Bonneau, feront colloquez du dix-huitief-
me May 1649. pour les arrerages de mil livres de rente, conftituée par
ladite defunte Dame Ducheffe d'Aiguillon, tant en fon nom, que comme adminiftratrice dudit fieur Duc de Richelieu, folidairement au profit de Maiftre Iean Peret, par contract paffé pardevant Vaultier & Parque Notaires, ledit jour dix-huitiéme May 1649. moyennant la fomme
de dix-huit mil livres, employée à l'inftant és plus preffantes affaires &

dettes

la succession dudit feu Seigneur Cardinal, du nombre des charges &
dettes de laquelle, ledit emprunt a esté jugé estre par le susdit Arrest du
cinquiesme Septembre 1674. lequel sieur Peret auroit fait declaration
de ladite rente au profit dudit feu sieur Bonneau, pardevant lesdits Vaultier & Parque, ledit jour 18. May 1649.

Plus seront colloquez dudit jour dix-huictiesme May 1649. pour
la somme de dix-huit mil livres, prix principal de ladite constitution. *37.* Eux dudit jour pour 18000. l. de principal

Plus de la somme de   pour les frais de leur opposition.

Sera, pareillement ladite Dame Duchesse d'Aiguillon, en consequence du susdit Arrest du 5. Septembre 1674. & transaction du trois Mars
1675. colloquée dudit jour dix-huitiesme May 1649. pour la somme de
seize mil livres par ladite defunte Dame Duchesse d'Aiguillon sa Tante,
payée pour seize années d'arrerages desdits mil livres de rente, tant
audit feu sieur Bonneau, qu'audit sieur Peret, & à Hyppolite Noël, nommez par Ordonnance du sieur Lieutenant Civil, du neuviesme Avril
1663. au recouvrement des effets de la succession dudit sieur Bonneau,
par plusieurs quitances, en date des troisiesme Iuillet & trente-uniesme,
Decembre 1657. vingt-uniesme Aoust & dix-huitiéme Novembre 1658.
vingt-uniéme Mars & vingtiesme Decembre 1659. vingt-troisiéme
Aoust & deuxiesme Octobre 1660. huitiesme Iuin 1661. vingt-uniesme
Avril 1662. septiéme Novembre 1664. trentiesme Septembre 1667.
vingt-quatriéme Octobre 1669. trentiéme Octobre 1670. septiéme Avril
1671. & 19. Mars 1672. *28.* Madame d'Aiguillon dudit jour 18. May 1649. pour 16000. livres payées sur les arrerages desd. mil liv. de rente.

Dame Margueritte de Salusse, veuve de Messire Yves de la Cointerie Perdrix, Conseiller du Roy en ses Conseils, Secretaire de sa Maje-
sté, & son Maistre d'Hostel ordinaire, sera colloquée du sixiéme Avril
1650. pour la somme de vingt mil livres de principal, empruntée par ladite defunte Dame Duchesse d'Aiguillon és susdites qualitez, de Messire René Boullard, sieur de la Boulidiere, par promesse du douziéme
May 1651. & employée au payement de partie de quarante-cinq mil livres de principal, deuë & adjugée à Monsieur le Duc de Villars, & au
sieur Comte de Brancas son frere, contre la succession dudit feu Seigneur Cardinal de Richelieu, par Sentence des Requestes du Palais du
sixiéme Avril 1650. confirmée par Arrest du Parlement du vingt-troisiéme Aoust 1651. lequel sieur de la Boulidiere auroit fait declaration desdits vingt mil livres au profit de Maistre Iacques Bastoil, Bourgeois de
Paris, par sa promesse dudit jour douziesme May 1651. reconnuë pardevant le Semelier, & le Gat Notaires, le dixiesme Septembre 1660. &
obtenu Sentence contre ladite Dame Duchesse d'Aiguillon esdits noms
aux Requestes du Palais, le deuxiesme Decembre 1652. posterieurement,
à laquelle ladite Dame luy auroit passé obligation de ladite somme pardevant lesdits le Semelier & le Gat Notaires, ledit jour dixiesme Septembre 1660. & ledit Bastoil auroit depuis fait cession & transport de
ladite somme audit defunt sieur de la Cointerie, pardevant lesdits le
Semelier & le Gat Notaires, les mesmes jour, mois & an, pour laquelle & interests d'icelle, ladite Dame de la Cointerie auroit esté declarée
creanciere de la succession dudit feu sieur Cardinal, comme subrogée aux
droits desdits sieurs Duc de Villars & Comte de Brancas, tant par l'Ar- *39.* Madame de la Cointerie du 6. Avril 1650. pour 20000. l. de principal.

F

reſt d'ordre du Bois-le-Vicomte du ſeptieſme Septembre 1665. que par celuy du 5. Septembre 1674.

40.
Elle dudit jour pour les intereſts deſd. 20000. l.

Plus ſera ladite Dame de la Cointerie colloquée dudit jour ſixiéme Avril 1650. pour les intereſts de ladite ſomme de vingt mil livres, adjugée par la ſuſdite Sentence des Requeſtes du Palais du deuxieſme Decembre 1652.

Plus de la ſomme de   pour les frais de ſon oppoſition.

48.
Madame d'Aiguillon dudit jour pour 3600. liv. payées ſur les intereſts deſdits 20000. l.

Sera pareillement ladite Dame Ducheſſe d'Aiguillon, en conſequence dudit Arreſt du cinquieſme Septembre 1674. & tranſaction du troiſieſme Mars 1675. colloquée dudit jour ſixiéme Avril 1650. pour la ſomme de trois mil ſix cens livres, payée par ladite defunte Dame Ducheſſe d'Aiguillon ſa Tante à ladite Dame de la Cointerie ſur les intereſts eſcheus deſdits vingt mil livres, par quitances des dix-huitiéme Octobre 1647. & 17. Fevrier 1675.

42.
Méſſieurs de Troiſvilles dudit jour 6. Avril 1650. pour les arrerages de 1113. liv. 3. ſ. de rente, faiſant partie des ſuſd. 2500. liv. de rente.

Leſdits ſieur Abbé & Comte de Troiſvilles ſeront pareillement colloquez dudit jour ſixiéme Avril 1650. pour les arrerages de onze cens treize livres trois ſols dix deniers de rente, dont le principal eſt de vingt mil trente-ſept livres quatre ſols, ladite rente faiſant partie de celle de deux mil cinq cens livres, dont il a eſté parlé cy-deſſus, comme eſtant leſdits ſieurs de Troiſvilles ſubrogez auſdits ſieurs Duc de Villars & Comte de Brancas, au moyen de ce que par quittance paſſée pardevant Vaultier & le Moine Notaires, le trente-unieſme Mars 1653. ladite Dame Ducheſſe d'Aiguillon a payé à Dame Catherine de Thelis, veuve de Meſſire Iean Moreau, Conſeiller du Roy, & General en la Cour des Monnoyes de France, Vingt mil livres d'une part pour pareille ſomme à elle cedée par leſdits ſieurs Duc de Villars & Comte de Brancas, par contract paſſé pardevant Dehenaut & Guoyn Notaires, le vingt-troiſiéme Aouſt 1651. faiſant partie des quarante-cinq mil livres de principal à eux adjugées par la ſuſdite Sentence des Requeſtes du Palais du ſixiéme Avril 1650. confirmée par ledit Arreſt du ſeptieſme Mars 1651. ſeize cens trente-cinq livres quatorze ſols un denier d'autre part, faiſant partie de dix-ſept cens quatre vingts-deux livres huit ſols, à quoy montoient les intereſts dudit principal de vingt mil livres, adjugez par la ſuſdite Sentence du ſixieſme Avril 1650. Et trente-ſept liv. quatre ſols encore d'autre part, pour frais faits par ladite Dame Moreau contre ladite feuë Dame Ducheſſe d'Aiguillon audit nom d'adminiſtratrice, ladite quitance portant les declarations & ſubrogations au profit dudit ſieur Comte de Troiſvilles juſques à concurrence deſdites ſommes, en conſequence deſquelles il a eſté declaré creancier par ſubrogation de la ſucceſſion dudit feu Seigneur Cardinal par ledit Arreſt d'ordre du Bois-le-Vicomte, du ſeptieſme Septembre 1665. & encore par l'Arreſt du cinquiéme Septembre 1674. Et quant aux arrerages produits deſdits ſeize cens trente-cinq livres quatorze ſols un denier d'intereſts payées à ladite Dame Moreau, leſdits ſieurs de Troiſvilles ſeront cy-apres colloquez du vingt-huitiéme Mars 1653. date de leur contract de conſtitution.

43.
Eux dudit jour pour 21672. l. 18. ſ. 1. d. de principal.

Seront encore leſdits ſieurs Abbé & Comte de Troiſvilles, colloquez dudit jour ſixiéme Avril 1650. pour leſdites ſommes de vingt mil livres de principal d'une part, ſeize cens trente-cinq livres quatorze ſols un denier d'intereſts d'autre part : & encore trente-ſept livres quatre ſols

de frais d'autre part, revenant en tout à celle de vingt-un mil six cens
foixante-douze l. dix-huit f. un denier, payées à ladite Dame Moreau;
& faifant partie de l'employ des quarante-cinq mil liv. de principal, empruntées dudit feu fieur de Troifvilles leur peré, comme eftans lefdits
fieurs de Troifvilles fubrogez defdits fieurs Duc de Villars & Comte de
Brancas pour ladite fomme entiere de vingt-un mil fix cens foixante-
douze livres dix-huit fols un denier, ainfi qu'il a efté expliqué en l'article precedent.

Sera pareillement ladite Dame Ducheffe d'Aiguillon, en confequence du fufdit Arreft du cinquiefme Septembre 1674. & tranfaction du
troifiéme Mars 1675. colloquée dudit jour fixiéme Avril 1650. pour la
fomme de onze mil cinq cens fix livres trois fols fept deniers, faifant partie de celle de vingt-cinq mil huit cens quarante une livre quatorze fols
huit deniers par ladite defunte Dame Ducheffe d'Aiguillon fa Tante,
payées aufdits fieurs de Troifvilles fur les arrerages des deux mil cinq
livres de rente à eux deuë par plufieurs quitances cy-deffus datées, lefdites onze mil cinq cens fix livres trois fols fept deniers eftans pour les
arrerages defdits onze cens treize livres trois fols dix deniers de rente,
à caufe defdits vingt mil trente-fept livres quatre fols de principal : &
quant au furplus defdits vingt-cinq mil huit cens quarante-une livre
quatorze fols huit deniers, montant à deux mil huit cens cinquante-
une livre, ladite Dame Ducheffe fera cy-apres colloquée du vingt-huitiéme Mars 1653. jour dudit contract d'emprunt, comme eftant ladite
fomme compofée d'arrerages, produits des deniers empruntez & employez à payer les arrerages & les interefts deûs aux creanciers de la
fucceffion dudit Seigneur Cardinal de Richelieu.

44.
*Madame d'Ai-
guillon dud. iour
6. Avril 1650.
pour 11506. liv.
3. f. 7. d. payées
fur les arrerages
defdits 1113. l.
3. f. 10. d. de
rente.*

Dame Marie Feydeau, veuve de Meffire Hierofme le Maiftre, Seigneur de Bellejambe, Prefident aux Enqueftes du Parlement de Paris,
fera colloquée du feiziefme Septembre 1650. pour les arrerages de cinq
cens livres de rente, conftituée par ladite deffunte Dame Ducheffe d'Aiguillon au profit dudit feu fieur Prefident le Maiftre, par contract paffé
pardevant   Notaires, le feiziéme Septembre
1650. moyennant la fomme de neuf mil livres de principal, employée à
l'inftant aux plus preffantes affaires de la fucceffion dudit feu Seigneur
Cardinal, du nombre des charges & dettes de laquelle ladite rente a
efté declarée eftre par ledit Arreft du cinquiéme Septembre 1674.

45.
*Madame la
Prefidente le
Maiftre du 16.
Sept. 1650. pour
les arrerages de
500. liv. de
rente.*

Plus fera ladite Dame colloquée dudit jour feiziéme Septembre 1650.
pour le principal de ladite rente, montant à neuf mil livres.

Plus pour les frais de fon oppofition, la fomme de

Sera pareillement ladite Dame Ducheffe d'Aiguillon, en confequence dudit Arreft du cinquiéme Septembre 1674. & de la tranfaction du
troifiéme Mars 1675. colloquée dudit jour feiziefme Septembre 1650.
pour la fomme de fept mil cent vingt-cinq livres par ladite defunte Dame Ducheffe d'Aiguillon fa tante, payée aufdits fieur & Dame le Maiftre fur les arrerages defdites cinq cens livres de rente, par quitances des
feiziéme Ianvier & vingt-troifiéme Octobre 1664. neuviéme Septembre 1668. quinziéme Fevrier, & vingt-cinquiéme Iuin 1671. & onziéme
Iuillet 1672.

*Elle dudit jour
jour 9000. liv.
de principal.*
46.
*Madame d'Ai-
guillon dudit
jour pour 7125.
liv. payées fur
les arrerages
defd. 500. liv.
de rente.*

Seront lefdits fieur Abbé & Comte de Troifvilles colloquez du vingt-
huitiéme Mars 1653. pour les arrerages de deux cens foixante-quinze

47.
*Mrs de Troif-
villes du 28.
Mars 1653. pour
les arrerages de
275. l. 14. f. de
rente, faifant le
refte de 2500. l.
de rente.*

livres quatorze fols de rente , faifant le refte de deux mil cinq cens liv.
de rente conftituée audit feu fieur Comte de Troifvilles leur pere , par
le contract fufdatté du vingt-huitiéme Mars 1655 lefdits deux cens foixante-quinze livres quatorze fols de rente , eftans à caufe de quatre mil
neuf cens foixante-deux livres de principal , employez à rembourfer les
arrerages de rente & interefts deûs aux creanciers de la fucceffion dudit
feu Seigneur Cardinal. Sçavoir , douze cens foixante-dix livres fept fols
fept deniers aux Religieufes de l'Abbaye de Ioüars , treize cens trente-
neuf livres trois fols d'une part , & fept cens dix-fept livres onze fols
neuf deniers d'autre , aux Religieufes Carmelites de la ruë Chappon, &
feize cens trente-cinq l. 14. f. un denier à Dame Catherine le Thelis,
veuve du fieur Moreau, fubrogée aufdits fieurs Duc de Villars,& Comte
de Brancas , ainfi qu'il a efté expliqué cy-deffus és collocations defdits
fieurs de Troifvilles fous les dates des cinquiéme Iuin, quatriéme & trei-
ziéme Aouft 1648. & fixiéme Avril 1650. revenans lefdites quatre fommes enfemble à celle cy-deffus de quatre mil neuf cens foixante-deux livres feize fols , dont la rente au denier dix-huit , ainfi qu'elle a efté conftituée audit feu fieur Comte de Troifvilles , eft de deux cens foixante-quinze livres quatorze fols par an.

Sera auffi ladite Dame Ducheffe d'Aiguillon , en confequence dudit
Arreft du cinquiéme Septembre 1674. & de la tranfaction du troifiéme
Mars 1675. colloquée dudit jour vingt-huitiéme Mars 1653. pour la fomme de deux mil huit cens cinquante-une livre , faifant le refte de celle de vingt-cinq mil huit cens quarante-une livre quatorze fols huit deniers , payée par ladite defunte Dame fa Tante aufdits fieurs de Troifvilles pere & fils , fur les arrerages de deux mil cinq cens livres de rente,
par plufieurs quitances cy-deffus rapportées & datées , lefdits deux mil
huit cens cinquante-une livre eftans pour les arrerages defdits deux cens
foixante-quinze livres quatorze fols de rente , faifant le refte defdits
deux mil cinq cens livres de rente , ainfi qu'il a efté expliqué en l'article precedent.

Ledit fieur d'Epinville , donataire univerfel de ladite Dame Merault,
qui eftoit aux droits de feu Monfieur le premier Prefident de Lamoignon , fera colloqué du vingt-fixiéme Septembre 1653. pour les arrerages de trois cens dix-neuf livres dix-fept fols un denier de rente , faifant
le refte de mil livres auffi de rente, conftituée audit feu fieur premier
Prefident , par contract dudit jour vingt-fixiéme Septembre , lefdits
trois cens dix-neuf livres dix-fept fols un denier de rente eftans , à caufe
de fix mil trois cens quatre vingts-dix-fept livres dix-fept fols neuf deniers employez à payer les arrerages & interefts deûs aux creanciers de
la maifon de Luxembourg , fur le prix de la portion de Tingry , aux
droits defquels ledit feu fieur premier Prefident a efté fubrogé , ainfi
qu'il a efté expliqué cy-deffus en la premiere collocation dudit fieur
d'Epinville , fous la date du 22. Aouft 1641.

Sera pareillement ladite Dame Ducheffe d'Aiguillon , en confequence des fufdits Arreft du cinquiéme Septembre 1674. & tranfaction du
troifiéme Mars 1675. colloquée dudit jour vingt-fixiéme Septembre
1653. pour la fomme de deux mil quarante-fept livres deux fols fix deniers , faifant le refte de 6400. livres payées par ladite defunte Dame Ducheffe d'Aiguillon fa Tante , fur les arrerages defdits mil livres

de

rente, par diverses quitances cy-dessus rapportées & datées.

Sera aussi ladite Dame Duchesse d'Aiguillon, en consequence desdits Arrest & transaction, colloquée du vingt-septiéme Septembre 1653. pour la somme de huit cens quarante-six livres trois sols, faisant le reste de deux mil livres par ladite defunte Dame Duchesse d'Aiguillon sa Tante, payée aux sieurs Directeurs de l'Hospital General, sur les arrerages de mil livres de rente deuë audit Hospital, comme ayant droit de la Damoiselle Violle par declaration, ainsi qu'il a esté expliqué cy-dessus en la collocation de ladite Dame, du vingt-deuxiéme Aoust mil six cens quarante-un.

51.
Elle du 27. Sept.
1653. pour 846.
liv. 3. s. d'ar-
rerages, payées
à l'Hospital Ge-
neral.

Lesdites veuve & heritiers Maistre Iacques Collet, seront collo-quez du vingt-huitiéme Septembre 1653. pour les interests, à raison des Ordonnances, du capital de six mil cinq cens soixante-quinze livres dix sols, faisant partie des vingt-deux mil cinq cens soixante-quinze livres dix sols deûs audit feu sieur Collet, comme estant aux droits du sieur Guillebert, ayant esté lesdits six mil cinq cens soixante-quinze livres dix sols, employées à payer pareille somme pour arrerages de rente deûs aux Religieuses de l'Annonciade, creancieres de la succession de la Dame Marquise de Verneüil, qui estoit creanciere de la maison de Lu-xembourg, ainsi qu'il a esté cy-dessus expliqué en l'article de la premie-re collocation desdites veuve & heritiers Collet, du vingt-deuxiesme Aoust 1641.

52.
La veuve & he-
ritiers du sieur
Collet, du 28.
Sept. 1653. pour
les interests de
6565. liv. 10.
s. de principal.

Sera pareillement ladite Dame Duchesse d'Aiguillon, en consequen-ce desdits Arrest du 5. Septembre 1674. & transaction du troisiéme Mars 1675. colloquée dudit jour vingt-huitiéme Septembre 1653. pour la som-me de neuf cens quatre vingts-six livres six sols six deniers, faisant le reste des trois mil trois cens quatre vingts livres sept sols un denier payées par lad. defunte Dame Duchesse d'Aiguillon sa Tante audit feu sieur Collet, sa veuve & heritiers, sur les interests desdits vingt-deux mil cinq cens soixante-quinze livres dix-sols, ainsi qu'il a esté expliqué cy-dessus en l'article de la premiere collocation desdites veuve & heritiers, sous la date du 22. Aoust 1641.

53.
Madame d'Ai-
guillon dudit
jour pour 986.
l. 6. s. 6. den.
payées sur les
interests desd.
6575. l. 10. s.

Messire Michel le Tellier, Chancelier de France, & consorts, seront colloquez du vingt-huitiéme Decembre 1653. pour les arrerages de trei-ze cens quatre vingts-seize liv. deux sols trois deniers de rente, faisant le reste de deux mil six cens livres aussi de rente à eux constituée, par contract du vingt-huitiéme Decembre 1653. lesquels treize cens quatre vingts seize livres deux sols trois deniers de rente au denier vingt, pro-viennent de vingt-sept mil neuf cens vingt-deux livres cinq sols, em-ployées avec subrogation à leur profit, au payement de pareille somme deuë pour arrerages de rente aux creanciers de la maison de Luxem-bourg, ainsi qu'il a esté cy-dessus expliqué en leur premiere colloca-tion, du 22. Aoust 1641.

54.
M. le Tellier,
Chancelier de
France, & con-
sorts, du 28.
Decemb. 1653.
pour les arrera-
ges de 1396. l.
2. s. 3. den. de
rente, faisant le
reste de 2600.
l. de rente.

Sera aussi ladite Dame Duchesse d'Aiguillon, en consequence desdits Arrest & transaction des cinquiesme Septembre 1674. & troisiesme Mars 1675. colloquée dudit jour vingt-huitiéme Decembre 1653. pour la somme de huit mil six cens quatre vingts-dix-huit livres treize sols six deniers, restant des seize mil deux cens livres, payées par ladite de-funte Dame Duchesse d'Aiguillon audit Seigneur Chancelier, & consorts, sur les deux mil six cens livres d'arrerages de rente qui leur

55.
Madame d'Ai-
guillon dudit
jour pour 8698.
liv. 13. s. 6. d.
payées sur les
arrerages desd.
1396. l. 2. s. 3.
d. de rente.

G

font deüs, ainſi qu'il a eſté expliqué cy-deſſus en leur premiere collocation, du 22. Aouſt 1641.

Meſſire Iean-Baptiſte Caſſaignet, Marquis de Tilladet, ſera encore
colloqué dudit jour vingt-huitiéme Decembre 1653. pour les arrerages
de quatre cens ſeize livres trois ſols ſix deniers de rente, faiſant le reſte
de ſept cens ſoixante-quinze livres, auſſi de rente, conſtituée au feu
ſieur Marquis de Tilladet ſon pere, par contract dudit jour vingt-huitiéme Decembre 1653. leſquels quatre cens ſeize livres trois ſols ſix deniers de rente au denier vingt, proviennent de huit mil trois cens
vingt-trois livres dix ſols, employées au payement de pareille ſomme
deuë pour arrerages de rentes aux creanciers de la maiſon de Luxembourg, auſquels il a eſté ſubrogé, comme il a eſté dit cy-deſſus en l'article de ſa premiere collocation, du 22. Aouſt 1641.

Sera pareillement ladite Dame Ducheſſe d'Aiguillon, en conſequence des ſuſdits Arreſt & tranſaction, colloquée dudit jour vingt-huitiéme
Decembre 1653. pour la ſomme de deux mil quatre vingts livres dix-ſept
ſols ſix deniers, faiſant le reſte de trois mil huit cens ſoixante-quinze
livres par ladite defunte Dame Ducheſſe d'Aiguillon ſa Tante, payée
audit ſieur de Tilladet ſur les arrerages deſdites ſept cens ſoixante-
quinze livres de rente, ainſi qu'il a eſté cy-deſſus expliqué en l'article
de la premiere collocation de ladite Dame, à cauſe du payement deſdits
arrerages, ſous la date du 22. Aouſt 1641.

Meſſire Phelippeaux, Seigneur d'Herbault, Conſeiller au Parlement,
à cauſe de Dame Anne Loyſel ſon épouſe, ſera colloqué du vingt-uniéme Mars 1654. pour les arrerages de ſix cens cinquante livres neuf ſols
deux deniers de rente, faiſant le reſte de quatorze cens livres de rente
à luy conſtituée, par contract dudit jour vingt-uniéme Mars 1654. leſquels ſix cens cinquante livres neuf ſols deux deniers de rente au denier
vingt, proviennent de treize mil neuf livres trois ſols, employées au
payement de partie des arrerages deüs aux creanciers de la maiſon de
Luxembourg, auſquels ledit ſieur d'Herbault a eſté ſubrogé, ainſi qu'il
a eſté cy-deſſus expliqué en l'article de ſa premiere collocation, du 21.
Aouſt 1641.

Et en ſous-ordre ſur ledit ſieur d'Herbault, ſera colloqué Meſſire
Gaſpard de Fieubet, Conſeiller d'Eſtat ordinaire de ſa Majeſté, &
Chancelier de la Reyne, pour la ſomme de

Sera auſſi ladite Dame Ducheſſe d'Aiguillon, en conſequence dudit
Arreſt du cinquiéme Septembre 1674. & tranſaction du troiſiéme Mars
1675. colloquée dudit jour vingt-uniéme Mars 1654. pour la ſomme de
treize cens quatre vingts treize livres dix-neuf ſols quatre deniers, faiſant le reſte de trois mil livres, payées par ladite defunte Dame Ducheſſe d'Aiguillon audit ſieur d'Herbault, ſur les arrerages deſdites quatorze
cens livres de rente, ainſi qu'il a eſté expliqué cy-deſſus en l'article de la
premiere collocation de ladite Dame, à cauſe du payement deſdits trois
mil livres, ſous la date du 22. Aouſt 1641.

Meſſire Iean François Iolly, Seigneur de Fleury, Conſeiller au Parlement, ſera colloqué du 26. Mars 1654. pour les arrerages de deux cens
dix-huit livres dix-huit ſols quatre den. de rente, faiſant le reſte de quatre cens cinquante-huit livres dix-ſept ſols dix deniers auſſi de rente, re-
ſtans des mil livres de rente conſtituée à Dame Charlotte Bourlon ſa

mere, par contract dudit jour vingt-sixiéme Mars 1654. pour les cau-
ses expliquées cy dessus en l'article de sa premiere collocation, sous la
date du 22. Aoust 1641.

Plus dudit jour vingt-sixiéme Mars 1654. pour trois cens soixante-une *62.*
livre onze sols neuf deniers de principal, restant de sept cens quatre *Luy pour 361.*
vingts-sept livres dix-neuf sols deux deniers de principal, dont ladite *l. 11. s. de prin-*
Dame Bourlon n'a point eu d'employ ny de subrogation. *cipal.*

Sera aussi ladite Dame Duchesse d'Aiguillon, en consequence dudit *63.*
Arrest du cinquiéme Septembre 1674. & transaction du troisiéme Mars *Madame d'Ai-*
1675. colloquée dudit jour vingt-sixiéme Mars 1654. pour la somme de *guillon dudit*
neuf cens cinquante-trois livres neuf deniers, restant de celle de deux *iour pour 953.*
mil livres payée par ladite defunte Dame Duchesse d'Aiguillon sa Tan- *liv. 9. s. payées*
te, audit sieur Iolly, sur les arrerages qui luy estoient deûs pour les cau- *sur les arrerages*
ses, & ainsi qu'il a esté cy-dessus expliquée en l'article de la premiere col- *desd. 218. liv.*
location de ladite Dame, à cause du payement desdites deux mil livres *18. s. 4. den. de*
d'arrerages, sous la date du vingt-deuxiéme Aoust 1641. *rente.*

Maistre François de Halloy, Avocat en la Cour, & Iean-Baptiste *64.*
de Mouchy, Escuyer sieur de Loupets, creanciers & Directeurs des *Les Directeurs*
creanciers de defunt Pierre Miguel, dit saint Amand, & de Charlotte *des creanciers*
Dufourny sa femme, & Charles Deloüis, heritier de ladite Dufourny, *des successions*
seront colloquez du sixiéme Iuin 1668. pour la somme de trois mil li- *de Pierre. Mi-*
vres de principal d'une part, restant de celle de trois mil six cens livres *guel, dit saint.*
ausdits Miguel & sa femme, adjugées contre la succession dudit feu Sei- *Amand, &*
gneur Cardinal de Richelieu, par Sentence des Requestes du Palais dud. *Charlotte du*
jour 6. Iuin 1668. confirmée par Arrest du Parlement du 9. Aoust *Fourny sa fem-*
1670. Plus pour la somme de dix mil soixante-cinq livres dix-sept sols *me, & Charles*
d'interests d'autre part, écheus au jour dudit Arrest, & liquidez par *de Loüis, du 6.*
iceluy : Et encore pour les interests écheus depuis ledit Arrest, & qui es- *Iuin 1668. pour*
cherront cy-aprés ; sauf ausd. Srs de Halloy & de Loupets, Directeurs *3000. liv. de*
des creanciers de ladite Dufourny, & audit Deloüis, heritier d'icelle, *principal & les*
à se faire regler entr'eux au sujet de la portion qui appartient à la suc- *interests.*
cession de ladite Dufourny dans lesdits trois mil livres de principal, interests liquidez & à liquider d'icelle.

Plus de la somme de   pour les frais de leurs opposi-
tions.

Les Principal & Boursiers du College de Nostre-Dame des Dixhuit, *65.*
seront colloquez du troisiéme Iuin 1670. pour les interests de la somme *Les Principal*
de seize mil livres de principal à eux adjugez par Arrest du treizié- *& Boursiers du*
me Fevrier 1671. à compter du vingt-cinquiéme Septembre 1670. jour *College des Dix-*
de la demande. *huit, du 30. Iuin*
1670. pour les
Plus pour lesdits seize mil livres de principal, à eux adjugées par Ar- *interests de sei-*
rest dudit jour trentiéme Iuin 1670. pour le supplément de la juste va- *ze mil liv. de*
leur du College des Dixhuit, acheté par ledit feu Seigneur Cardinal de *principal.*
Richelieu dés l'année 1641. pour l'accroissement de celuy de Sorbon- *Plus pour lesd.*
ne. *16000. liv.*

Plus pour la somme de neuf cens quatre vingts six livres six sols six de- *Plus pour 986.*
niers pour dépens adjugez par ledit Arrest du trentiéme Iuin 1670. ta- *l. 6. s. 6. den. de*
xez par executoire du 21. Avril 1671. *dépens.*

Plus pour la somme de trente-quatre liv. quatorze sols pour dépens à *Plus pour 34. l.*
eux adjugez par ledit Arrest du treiziesme Fevrier mil six cens soixan- *14. s. de dépens.*

te-onze, taxez par executoire du trentiefme Avril enfuivant.

Plus de la fomme de ..   pour les frais de leur oppofition.

Les Prieur Docteurs & Bacheliers du College de Sorbonne, feront colloquez pour les fommes de

Meffire Iacques Amelot, Chevalier, Seigneur de Chaillou, Confeiller du Roy en fes Confeils; Maiftre des Requeftes ordinaire de fon Hoftel: Maiftre Iacques Luce, cy-devant Procureur en la Cour: Maiftre Loüis de Choifelat, Secretaire des Finances de feu Monfieur le Duc d'Orleans, ayant droit par tranfport de Paul Roffignol, Bourgeois de Paris: Nicolas Houzé, fieur de la Boulaye, Gentilhomme ordinaire du Roy: Eftienne, Catherine & Elizabeth Plomet, emancipez d'âge, procedans fous l'autorité de Maiftre Sigifmond Conftant leur curateur : Et encore ledit Conftant, feront rejettez du prefent ordre, comme n'eftans creanciers de la fucceffion dudit feu Seigneur Cardinal Duc de Richelieu, fauf à eux à fe pourvoir contre qui & ainfi qu'ils aviferont bon eftre, défenfes au contraire.

Meffire Loüis de Campet, Chevalier Seigneur de la Riviere : Meffire Iean Loüis de Courbon, Chevalier Marquis de faint Sauveur, comme ayant les droits de Mademoifelle Marie Loüife d'Orleans : Et Nicolas le Roy, Efcuyer fieur de Gamelin, feront auffi rejettez du prefent ordre, faute d'avoir juftifié qu'il leur foit dû aucune chofe par la fucceffion dudit feu Seigneur Cardinal de Richelieu.

Et à l'égard des fommes pour lefquelles ladite Dame Ducheffe d'Aiguillon a efté cy-deffus colloquée, elles feront payées en fous-ordre aux cy-apres nommez, legataires ou creanciers de la fucceffion de feuë Madame la Ducheffe d'Aiguillon. Sçavoir, A Meffire Edme Iolly, Preftre, Superieur General de la Congregation de la Miffion de faint Lazare, faifant, tant pour la Miffion de la maifon dudit faint Lazare, que pour les Miffions de Rome & de la Rofe : la collation des malades de l'Hoftel-Dieu de Paris : l'Hoftel Dieu de Richelieu : les pauvres Hibernois chaffez : les pauvres Efclaves de Tunis & d'Alger : les pauvres forçats des Galeres : le depoft de douze mil livres ordonné eftre mis en fes mains : les pauvres de la Pontoife : les pauvres, tant honteux, que malades du Duché d'Aiguillon : & les pauvres Heretiques dudit Duché.

Au Pere Paul Ragueneau, Religieux de la Compagnie de Iefus, pour des Miffions de ladite Compagnie en la nouvelle France, faifant pour les Hofpitalieres & l'Hofpital de Quebec.

A Meffires Luc Fermanel, Michel Gazille, & Robert Marie d'Eu, Preftres, Superieurs, Directeurs & Prieurs du Seminaire des Miffions eftrangeres, eftably en cette ville de Paris, ruë du Bac, tant pour ledit Seminaire, que comme Procureurs & fe faifans forts de Meffieurs les Evefques d'Heliopolis & Berithe.

A Dame Marie Defita, veuve de Meffire Iacques Violle, Confeiller au Chaftelet, faifant pour les pauvres honteux des Fauxbourgs de Paris, les filles de la Providence, & la Maifon des nouveaux Catholiques du Fauxbourg faint Victor.

Au Pere Iean-Baptifte de Montefcot, Religieux & Prieur de la Maifon son profeſſe de la Compagnie de Ieſus, ruë ſaint Antoine.

Au Pere Philippes Chahu, Religieux de ladite Compagnie, faiſant pour les Miſſions du Levant, & les Eſclaves Chreſtiens detenus par le Grand Seigneur.

A Mre Ioſeph Boucher, Docteur de la Maiſon & Societé de Sorbonne, Curé de S. Nicolas du Chardonnet : Meſſire Nicolas Thierry, Preſtre, Superieur de la Communauté & Seminaire de ladite Paroiſſe : Meſſire Michel Chamillard, Preſtre, auſſi Docteur de Sorbonne : Et Meſſire Iean de Beauvais, Preſtre, aſſiſtans dudit ſieur Thierry pour ladite Communauté.

A Dame Marie Bonneau, veuve de Meſſire Iean Iacques de Beauharnois, Seigneur de Miramion, Conſeiller au Parlement, Superieure de la Communauté des Filles de ſainte Geneviéve, eſtablies en cette ville de Paris, faiſant, tant pour ladite Communauté, que pour les malades de ſaint Marcoul.

Aux Religieuſes Bernardines, dites du Precieux Sang, eſtablies à ſaint Germain des Préz, ruë de Vaugirard.

Au Seminaire des nouvelles Catholiques, eſtably en la ville de Loudun.

A Dame Geneviéve Fournillon, veuve de Daniel Feüillette, Eſcuyer ſieur Dufay, eſtant aux droits de l'Hoſpital General de cette ville de Paris.

Aux Religieuſes Carmelites de la ruë Chappon.

Aux Filles de la Charité, eſtablies prés ſaint Lazare, Fauxbourg ſaint Denis.

Aux Filles de la Congregation de la Croix, du cul de ſac Royal de la ruë ſaint Antoine, tant pour elles, que pour les Filles de la Croix de la ville d'Aiguillon.

Aux Religieuſes de la Magdeleine, proche le Temple.

Aux Religieuſes Hoſpitalieres du Fauxbourg S. Marcel.

Aux Religieuſes du Calvaire prés Luxembourg.

Aux Religieuſes Benedictines du S. Sacrement, ruë Caſſette.

Aux Religieuſes Carmelites du grand Convent du Fauxbourg ſaint Iacques.

Aux pauvres malades de la charité de la Paroiſſe S. Sulpice.

A l'Hoſtel-Dieu de Paris.

A l'Hoſpital des Incurables.

Aux Filles de S. Ioſeph.

A l'Hoſpital de la Charité, Fauxbourg S. Germain.

Aux Filles de la Congregation de la Croix eſtablies à Ruel.

A Meſſieurs les Directeurs de l'Hoſpital General de cette ville, tant pour ledit Hoſpital, que pour la Maiſon du Refuge, & pour les Enfans trouvez.

Aux Religieuſes Benedictines Angloiſes du Champ de l'Aloüete, Fauxbourg S. Marcel.

A l'Hoſtel-Dieu d'Orleans.

A l'Hoſpital de ſainte Reyne, eſtably à Alize en Bourgogne.

Aux nouveaux Convertis de la Paroiſſe ſaint Euſtache de cette ville de Paris.

A François Giraudon, Sculpteur ordinaire du Roy.

H

A Damoiselle Catherine l'Espinay : Iean Desmeaux, dit la Riviere : Pierre Landry : Iacques le Large : Iean Verger : Iean le Large, dit petit Iean, & Thomas Broüillard, officiers & domestiques de ladite defunte Dame Duchesse d'Aiguillon.

Tous les susnommez ayans droit de ladite Dame Duchesse d'Aiguillon, par transport passé pardevant le Franc & Carnot Notaires, le vingt-uniesme Septembre 1677. & autres jours suivans, des sommes pour lesquelles elle a esté cy-dessus colloquée, ledit transport signifié, tant audit sieur Duc de Richelieu, qu'à Maistre Sanson, Receveur des Consignations du Parlement, avec declaration qu'entant que besoin est ou seroit, ils s'opposoient en sous-ordre sur ladite Dame, par exploict d'Aubin, dit la Forest, Huissier à cheval au Chastelet de Paris, du vingt-rroisiéme Fevrier 1678. controllé ledit jour, signé Bourguignon, entre lesquels susnommez legataires & creanciers de la succession de ladite defunte Dame Duchesse d'Aiguillon compris audit transport, les sommes pour lesquelles ladite Dame Duchesse d'Aiguillon cedante a esté cy-dessus colloquée, seront departies & distribuées au sol la livre sur ce qui leur est deû.

Et quant aux interests desdites sommes pretendus par lesdits cessionnaires, ils se pourvoiront contre ledit sieur Duc de Richelieu, ainsi qu'ils adviseront bon estre, défenses dudit sieur Duc reservées au contraire.

Fait le cinquiéme jour d'Avril mil six cens soixante-dix-huit.

www.ingramcontent.com/pod-product-compliance
Lightning Source LLC
LaVergne TN
LVHW021705170726
843501LV00007B/2681